Die siegende Kraft im Welthandel

Ein Blick in die Zukunft für Kaufleute und Techniker

von

Felix Stahl, Charlottenburg

München und Berlin 1916
Verlag von R. Oldenbourg

Druck von Maurer & Dimmick, Berlin

Vorwort.

Die hier niedergelegten Gedanken stützen sich auf das wirtschaftliche Grundgesetz der Mechanik. Danach ist die Natur bestrebt, alle ihre Vorgänge mit dem möglichst geringsten Aufwand an Energie zu vollziehen. Dies muß als unbeweisbare Tatsache hingenommen werden. Ein Beweis, daß von diesem Gesetz auch das wirtschaftliche Leben der Menschen beherrscht wird, läßt sich darum auch nur aus dem Gefühl und der Erfahrung bilden. Gibt man aber diesem Gesetz die Form der Forderung, wie es Professor Ostwald mit seinem energetischen Imperativ: Vergeude keine Energie, verwerte sie! getan hat, so ist jeder Zweifel behoben, daß diese Forderung, bewußt befolgt, das beschleunigt erreichen hilft, worauf es im wirtschaftlichen Leben immer mehr ankommen wird: aus unsrer Arbeit den entsprechend höchsten, in Geld zu messenden Wert zu erhalten.

Aber damit stellt sich nun die Sorge ein, ob nicht mit dem dabei sicher zu erwartenden Erfolg die moralischen Werte, die wir Menschen uns gebildet haben, untergehen werden. Es ist darum begreiflich, daß diese Forderung scharfe Gegner gefunden hat. In der Angst, die Forderung, weil verlockend, würde zur Alleinherrschaft gelangen, haben sich die Gegner im Kampfe so weit vorgewagt, die Tatsache des Grundgesetzes selbst zu bestreiten, oder wenn nicht dies, es nur beschränkt auf die mechanischen, also die nicht vom Menschen bewußt beeinflußten Vorgänge gelten zu lassen. Als scheinbar einleuchtendsten Beweis dafür geben sie an, selbst die sich ihrer unbewußte Natur verschwende Arbeit im höchsten Maße und greife gern aus dem Vollen. Man denke da nur, so sagen sie, an das Befruchten der Pflanzen, wo ein Pollen genügt, den Zweck zu erreichen; die Natur erzeuge aber darüber hinaus Tausende und läßt sie zugrunde gehen. Das erscheint als Verschwendung — dieser Einwand kann aber so lange kein Beweis sein, so lange nicht nachgewiesen wird, die Natur kann den gleichen Zweck mit weniger Arbeit erreichen.

Wieviel Energie verschwenden doch die Menschen! So könnte das mit Schrotladung flügellahm geschossene Rebhuhn denken, weil doch schon ein Schrot genügt hätte. — Nicht so die Menschen. Um dies mit einem Schrot zu erreichen, müßten sie ungleich mehr Energie aufwenden, als mit einer ganzen Ladung zerstreut fliegender Körner. Wie der Vogel über die Menschen denken könnte, nicht anders folgern diese über die ihnen als Verschwendung erscheinenden Mittel der Natur.

Dennoch bleibt aber die Sorge um den Einfluß moralischer Werte bestehen; denn ohne solche können wir uns ein gemeinschaftliches Leben nicht vorstellen. Da diese Werte aber überwiegend aus den wirtschaftlichen Vorteilen und den darüber noch sehr verschiedenen Ansichten der Menschen geboren sind, sind die moralischen Werte unbestreitbar nicht nur stets veränderlich, sondern gleichzeitig völlig verschieden und entgegengesetzt. Es muß darum auch das wirtschaftliche Grundgesetz, weil es nur e i n e n, nämlich den höchstmöglichen Vorteil kennt, wenn von den Menschen bewußt verfolgt, an Stelle der jetzt noch so verschiedenen zu e i n e m g e m e i n s a m e n Moralbegriff führen. Wenn man das Gesetz beharrlich weiterverfolgt, kommt man in der Tat darauf.

Ich möchte nicht im Rahmen eines Vorworts einen Beweis hierfür bringen, sondern nur flüchtig auf die Marksteine menschlicher Erkenntnis der Moral verweisen. Der erste ist der Delphische Imperativ: Erkenne dich selbst! dem bereits vor zweitausendfünfhundert Jahren in Stein gemeißelt Ausdruck gegeben wurde; der zweite der vor hundert Jahren geprägte Kantische Imperativ, der kategorische genannt: Handle so, daß die Maximen deines Willens jederzeit zugleich als Prinzip einer allgemeinen Gesetzgebung gelten können!

Das Richtige der Gedanken dieser beiden Imperative wird von den meisten Menschen nicht bestritten, ja sie sind vielen sogar zur Erkenntnis geworden. Von der Erkenntnis zur Tat zu schreiten, scheint aber den Menschen äußerst schwer zu sein. Anders, wenn sie einen materiellen Vorteil für sich darin sehen. Da ist nun der energetische Imperativ geeignet, plötzlich eine gewaltige Aenderung zugunsten der beiden ältern Imperative hervorzurufen. Denn ohne daß wir, wie es der Delphische fordert, uns selbst erkennen, ohne daß wir also fähig sind, das, was wir leisten können, möglichst richtig einzuschätzen; ohne daß wir auch auf das Recht der andern Rücksicht nehmen, wie es Kant vorschreibt: ist ein möglichst ausgenütztes Befolgen des energetischen Imperativs gar nicht denkbar.*)

Weil nun der energetische Imperativ geeignet ist, die Menschen einsehen zu lassen, daß er das am raschesten bringt, wonach die

*) Wenn ich nicht irre, widerspricht dem Herr Professor Ostwald.

meisten Menschen gierig streben: den materiellen Erfolg, belebt er die beiden andern Imperative zur Tat und Mitarbeit, schließt mit ihnen einen bewegten Kreis, in dessen Mittelpunkt, nun wie durch drei Punkte eindeutig bestimmt, sich Vorteil und Moral in einem Begriffe treffen müssen.

Die Natur ist wie ihre Gesetze gemütlos; es ließe sich darum auch das wirtschaftliche Grundgesetz vom Menschen am reinsten durchführen, wenn ihn dabei nur das Gefühl, also der Instinkt und der aus ihm geborene Verstand leitete; Gemütseigenschaften jedoch möglichst unterdrückt würden. Das Gemüt kann das Befolgen des Delphischen gänzlich, des kategorischen Imperativs teilweise irreführen, deshalb darf der, der den drei Forderungen bei seinem Forschen und Handeln bestmöglich nachkommen will, das Gemüt keinesfalls über das Gefühl und den Verstand herrschen lassen; das Gemüt darf dabei nur wie Oel in einer Maschine wirken, um den Gang der gegenseitigen Verpflichtungen möglichst reibungslos zu gestalten.

Dem Unterschied zwischen Gefühl, Gemüt und Verstand, der in wissenschaftlichen Werken sehr oft, sonst aber regelmäßig verwischt, ja verwechselt wird, muß darum stets prüfend nachgegangen werden. Das ist in diesem Buche sorgfältig geschehen.

Für die Leser meiner Gedanken im „Unbewußten Zweck des Krieges" wird die Einleitung etwas ausführlich fast selbstverständliche Begriffe bringen. Die, die sie noch nicht kennen, wären aber ohne sie verhindert, die darauf aufgebauten Schlüsse mitzuziehen.

Da das Urteilen und Handeln nach den drei Imperativen weit mehr noch aus dem Unbewußten als aus dem Bewußten erfolgt, ist davon in den Aufsätzen viel Gebrauch gemacht; die Kenntnis vom Unterschied dieser beiden Begriffe ist darum ebenfalls notwendig.

Wer sich darüber näher unterrichten will, lese unsre Philosophen, besonders Kant, Schopenhauer und von Hartmann.

Nicht wenigen werden die nun folgenden Gedanken gegen das Gemüt gehen. Weil es aber dieses allein ist, das so vielen in Deutschland, im Ausland fast allen, Gefühl und Verstand getrübt hat, darf der Schmerz, den ein Angriff aufs Gemüt und den daraus gebildeten Idealen und Ansichten immer noch hervorruft, nicht hindern, die heilende Wahrheit gemütlos zu suchen. Denn nur frei vom irreführenden Gemüt läßt sich der Zweck dieser Arbeit erreichen: die Tatsachen und damit die Zukunft möglichst klar zu erkennen.

Charlottenburg im Januar 1916.

Felix Stahl.

Inhaltsverzeichnis.

*) Bereits veröffentlicht im Band 159, Heft 2 der Preußischen Jahrbücher

Der Warenaustausch als Quelle des Hasses der Völker gegen die Deutschen.

Sobald über den Frieden zu verhandeln begonnen ist, müssen wir deutschen Techniker und Kaufleute wieder zu den uns feindlich gesinnten Völkern, um den bis dahin ins Ungeheure gewachsenen Druck der beiderseitig aufgestapelten Waren zu entlasten. In die Kanäle, durch die sonst der Handel fließt, hat sich der Haß niedergeschlagen; sie müssen davon frei werden, und die Millionen von zerrissenen, geistigen Fäden, die uns mit der Welt verbanden, sind neu zu knüpfen. Wir, die wir das Notwendige des Warenaustausches und das gewaltige, dafür geflochtene Netz kennen, haben es für unmöglich gehalten, dieses mit einem Hiebe zerstören zu können, und an einen Krieg mit zivilisierten Nationen glaubten wir nicht mehr. Unsre Waffen schmiedeten wir, um uns den Frieden zu erhalten, um den Geist, der uns beseelt, durchzusetzen mit dem Hoffen, auch unsre Körper zu veredeln, statt sie verstümmeln zu lassen.

Nun, da uns das Schreckliche aufgezwungen ward, gilt der erste Gedanke dem Sieg unsrer Waffen; jenen aber, denen es nicht vergönnt ist, selbst daran mitzuwirken, drängt sich demnächst die Frage ins Gehirn: Wie ist die Aufgabe zu lösen, am Welthandel wieder den uns gebührenden Anteil zu finden?

Mit der uns eigenen Gründlichkeit flüchteten wir Zurückgebliebenen zu unsern Gelehrten, um von ihnen die Ursachen des uns so jäh und überraschend gekommenen Krieges zu erfahren und zu hören, warum die Deutschen wieder, wie so oft schon, fast keinen Freund mehr unter allen andern Völkern haben. — Unsre Gelehrten meinen, die philosophischen Ansichten stimmten nicht überein, die andern Völker könnten die Tiefe unsers Gemütes nicht ermessen, und fast ohne Ausnahmen sagen sie: es sei der Neid der andern, der einen ihrer Teile veranlaßt hätte, in der Ueberzahl uns zu überfallen, während es dem andern Freude bereiten würde, unsern Untergang zu sehen. Und wir, die wir so stolz sind auf das, „wie herrlich weit wir es gebracht haben", wir, die wir mit so heißer Glut an unsrer Kultur hängen und leider nur allein wissen, wie über allem sie steht, glauben dies gern, eben weil wir, ihre Größe kennend, einen Neid darum am ersten begreifen können. — Droht ein Konkurrent immer stärker und größer zu werden, so wird den andern die Sorge um den eigenen Vorsprung ängstlich machen. Hinter der Sorge und Angst liegt unmittelbar das Gebiet des Hasses. Abseits von diesem Weg liegt wie auf einer Insel das des Neides. Zu ihm kann aber nur der Verstand der weniger Besitzenden eine Brücke schlagen, denn zum Neid gehört die Kenntnis dessen, um was man neidet, und setzt geringeren oder nur andern Besitz des Neiders voraus. Wenn wir über diese Tatsache nicht hinweggehen, uns auch daran erinnern, daß ein viel reicheres Volk, als wir es sind, ich meine damit die Amerikaner, nicht, und ganz besonders nicht aus Neid, gehaßt wird, wenn wir uns ferner nicht dem verschließen, daß unsre Feinde, die Engländer und Franzosen, reicher sind, weniger arbeiten, behaglicher leben und dennoch mehr verdienen als wir und dabei noch die unerschütterliche Ansicht haben, mit ihrer Kultur weit über der der Deutschen zu stehen: dann kann man nicht mehr verstehen, um was sie dann gerade uns beneiden sollten.

Die Ursache zu dem gegenwärtigen Haß kann somit nicht vorherrschend der Neid sein; darum müssen die, die persönlich mit den Völkern Waren auszutauschen gezwungen sind, tiefer forschen und nicht etwa zurückschrecken, wenn in dem erschauten Bild von Deutschlands tatsächlicher Größe und Stärke auch Schwächen entdeckt werden, die nur Oberflächliche aus Gemütsgründen nicht sehen können.

Die Tatsache, daß alle gegen uns sind, zwingt unsern Verstand dazu, nicht nur unser Recht, unbekümmert um die Ansicht der Feinde, zu behaupten, sondern uns auch in ihre Ansicht zu versetzen.

Wir wissen, die Quellen alles menschlichen Handelns sind das Gefühl, das Gemüt und der Verstand; je nachdem die eine oder die andre stärker fließt, entsteht das Gemisch, das sich bei dem Einzelnen als sein Denken und das daraus entstehende Handeln kundgibt. Dabei verstehe ich unter Gefühl nicht etwa den körperlichen Schmerz oder die Lust, sondern das, was man beim Tier Instinkt, beim Menschen das Wirken des Unbewußten, sein Ahnen, sein oft unbewußt richtiges Handeln für einen Zweck nennt; jene Kraft also, ohne die unser Verstand hilflos wäre und die oft ohne ihn, ja manchmal gegen ihn dennoch zum Ziele führt. Der Verstand ist das logische, in allen Teilen bewußte Arbeiten unsers Gehirns, das Loslösen und Erheben unsers Geistes über unsern Körper. Das Gemüt hingegen ist das Regen jener Kräfte, die ohne Zweifel noch am engsten mit dem Aufbau unsers Körpers im Zusammenhang stehen. Ich meine damit alle jene Eigenschaften, die unser vom Gefühl geleiteter Verstand als gut oder schlecht bezeichnet, wie Dankbarkeit, Ehrfurcht, Ehrgeiz, Neid, Haß, Liebe, Mut, Eitelkeit, Zorn usw., die anscheinend, eng mit dem Herzen verbunden, das Gemisch am mannigfaltigsten, darum aber auch in unberechenbarster Weise beeinflussen.

Die neue Wissenschaft, die Soziologie, täglich aber auch unsre Erfahrung, lehrt uns, daß die Menschen mit ihrem Verstand noch ganz in den Anfängen sind, daß sie ihn noch wenig und schlecht gebrauchen und daß er noch lange entwickelt werden muß, bis er über das Gemüt herrscht, von dem ebenso der Verstand wie das Gefühl meist zum Nachteil der Menschen beeinflußt wird. „Die Annahme, daß alle Menschen denken", so sagt Wundt, unser darin bedeutendster Kenner, „ist ein weit verbreiteter Irrtum". Nachdem somit Gefühl und Verstand leider noch die geringeren Kräfte, ja überwiegend sogar nur in Spuren vorhanden sind, ist es richtig, das Gebiet des Gemütes als das anzusehen, worin die Gründe, die wir suchen und bloßlegen wollen, am wahrscheinlichsten zu finden sein werden.

Der Krieg wird als das Fortsetzen der Politik mit andern Mitteln erklärt, das heißt, nicht mehr die geistigen Mittel, also der Verstand allein, sondern auch die von ihm geleiteten Körper und die darin entfachten Gemüter, darunter vornehmlich der Haß, wollen einen bewußten Zweck erreichen.

Wir sind heute so weit, zu erkennen, daß der Wille zum Krieg kultivierter Staaten ebenso von der Regierung wie vom Volke getragen werden muß, und man kann behaupten: Je höher ein Volk steht, desto weniger kann seine Regierung den Willen des Volkes dazu entbehren. Nun wissen wir, daß kein Volk, das zurzeit im Kriege liegt, in seiner Mehrheit diesen gewollt hat. Es müssen also die Regierungen den Anstoß dazu gegeben haben. Darüber werden wir zwar die wahren Ursachen so bald nicht erfahren, wir sehen aber so viel, daß die Regierungen der uns feindlich gesinnten Länder untereinander in Verträge verstrickt sind, deren Unrecht unser deutsches Volk deshalb am besten zu durchschauen vermag, weil wir sowohl von der aufrichtigen Friedensliebe unsrer Regierung wie der unsers Volkes durchdrungen waren.. Wir können somit aus unserm Wissen schon das feststellen: Gefühl wie Verstand der uns feindlichen Regierungen in bezug auf unsre Friedensliebe irrte, wenn an eine Feindseligkeit der deutschen Völker tatsächlich geglaubt wurde. Dies weiter zu untersuchen, ist keine Aufgabe für uns Techniker und Kaufleute. Uns regen nur die Fragen an: Wie kann der Wille der Regierungen in friedliebenden Völkern den Haß gegen uns so entflammen, daß sie diesen Willen gutheißen und mit ihrem Blute dafür einstehen? Ferner, wie ist es möglich, daß fast alle nichtgermanischen Völker diesen Haß kundbar teilen, oder doch wenigstens gleichgültig zusehen, wie sich eine Ueberzahl bemüht, uns abzuwürgen?

Mitten im Frieden von allen Seiten angegriffen, ist der gemeinsame Wille des deutschen Volkes und seiner Regierung zum Kriege zu selbstverständlich, als daß ihn Worte begründen müßten. Unser Gefühl gibt uns volles Vertrauen zu dem Verstande unsrer Regierung und führt uns täglich neue Beweise vor, wie vorbauend er tätig war. Wir freuten uns über des deutschen Volkes einiges Erheben und fühlen die Kraft des Rechtes, das wir nun mit dem Schwerte bis zum letzten Hauch durchzusetzen bereit sind.

Ganz anders bei unsern Feinden. Gefühl und Verstand haben zwar auch das Volk unsrer Feinde einen Krieg nicht wünschen lassen. Nichts ahnend, ist es auch aus der Arbeit von seinen Regierungen zum Kriege gerufen worden. Weil ihn aber nur diese wollten, mußten ganz andere Mittel als bei uns angewandt werden, um auch im Volke den Willen zum Kriege zu entfachen. Gefühl und Verstand der Völker unterdrückend, wandten sich die uns feindlichen Regierungen ausschließlich an das Gemüt deshalb, weil es die größte und heute noch am leichtesten zu bewegende Kraft im Menschen ist; sie benützten dazu als bequemstes Mittel die Lüge. Wundern wir uns deshalb nicht, wenn diese immer ungeheuerlicher und verzerrter wird, denn die Natur der Lüge erfordert, daß sie stetig wachsen muß, soll sie sich gegen die Tatsache behaupten. Die Dauer ihres Wirkens hängt ab vom Verstand des Volkes. Niemals könnte bei dem großen

Wissen, der Gründlichkeit, des in seiner Natur ehrlichen deutschen Volkes diesem ein solches Maß von Lügen aufgenötigt werden wie unsern Feinden. In Rußland, mit seinen ungebildeten, dem Hang zum Wunderglauben leicht zugänglichen Massen hat die Regierung leichtes Spiel. Den Franzosen sind Gemütseigenschaften so im Uebermaß gegeben, daß ihr sonst klarer Verstand völlig verschüttet werden kann, sobald nur zwei davon, die Eitelkeit und die Nachsucht, genährt werden. Die Engländer dagegen mit ihrer staunenswerten Unkenntnis aller nichtenglischen Verhältnisse verbinden mit ihrem oberflächlichen Denken einen grenzenlosen Glauben zu dem, was sie englisch gedruckt lesen, und schenken den beiden politischen Klüngeln, die sie Parteien nennen und sie abwechselnd regieren, ein unbegrenztes Vertrauen. So kann man es durchaus begreifen, daß die Engländer unsern Marsch durch Belgien als einen unerhörten Vertragsbruch ansehen, da doch ihre Führer ihn als solchen darstellten.

Ist somit in den feindlichen Völkern der Boden zur Aufnahme von Lügen besonders geeignet, so genügt dies doch nicht allein, den so plötzlich gezeigten starken Haß aller gegen das deutsche Volk damit zu begründen. Der Stoff dazu muß längst vorhanden gewesen sein — die Lügen haben ihn nur entflammt. Der Stoff ist es also, dessen Art und Größe wir erkennen müssen. Haß kann ohne Zutun äußerer Ursachen lediglich in der Einbildung liegen, also aus inneren Ursachen im Menschen entstehen, wie dies beim Neid und der Habgier die Regel ist; er kann aber auch von äußeren Ursachen allein kommen. Während er im ersten Falle nie im Rechte liegen kann, muß im zweiten Falle untersucht werden, wie weit er dazu berechtigt ist. Da ich es für verfehlt halte, den Willen der Völker zum Kriege aus Neid und Habgier oder ähnlichen, den Haß erweckenden Eigenschaften als v o r herrschend anzusehen, muß ich den nicht abzuleugnenden Haß von außen kommend ansehen und untersuchen, ob er durch uns selbst mittel- oder unmittelbar angesammelt werden konnte. Wir stehen damit dicht vor der Aufgabe, uns in die Seele des andern zu versetzen und soweit als möglich, ohne uns selbst zu täuschen, den Eindruck, den wir Deutschen auf den Ausländer machen, uns vor die geistigen Augen zu führen und das Ergebnis nach Recht und Unrecht zu scheiden. Da aber wiederum das, was recht ist, vom Gemüt ganz verschieden und sogar entgegengesetzt beurteilt werden kann von dem, was der Verstand findet, müssen wir die Eindrücke erst in bezug auf Gemüt und Verstand trennen und das für recht halten, dem es der Verstand zuspricht.

Es wird vielfach behauptet, unsre Staatsmänner trügen die Schuld an dem Haß. — Nach alledem, was wir nun hören, kann man es nicht mehr glauben, aber abgesehen davon ist die erst in der Geschichte bloßzulegende Arbeit dieser Männer der Kenntnis des Volkes viel zu fern, und ihre stille Arbeit offenbart sich dem Volk nur in der Presse, die sie, je nach ihrer Richtung, aber meist ganz falsch so darstellt, wie es ihr eben paßt. Quelle des Hasses ist somit weit mehr die Presse als die Diplomatie.

Nach dieser Richtung zu suchen können wir also unterlassen. Anders dagegen ist es mit der von der Auslands-Presse ständig genährten Behauptung: unser Militarismus führe uns zur Weltherrschaft, er müsse deshalb vernichtet werden. Darüber hinaus, daß Rußland dann eine viel gewaltigere Militärmacht wäre, können die wenigsten denken. Die Militärmacht empfindet das Gemüt des Volkes als etwas Furchterregendes, und das genügt, seinen Verstand zu verdunkeln. Mit dem gleichen Ergebnis, aber ganz anders, wirkt auf das Gemüt die Seemacht ein. Die Mehrzahl des Volkes, im Binnenlande lebend, hat keine, und wenn, dann nur eine angenehme Ahnung davon. Man erfreut sich an den Bildern der schönen Kreuzer, die Gedanken schweifen mit ihnen in weite, sonnige Fernen, und die drohenden Kanonen, glaubt man, würden nie zum Angriff, sondern nur zum Schutze gegen Wilde losgehen. Trotzdem England meint, die Macht zu haben, kein Schiff dürfe ohne seine Erlaubnis die Meere befahren, trotzdem es den Handel allen Völkern erschwert und ihn mit seiner Seemacht verhindern kann, sobald es in Englands Vorteil liegt, lassen sich dies alle Völker mit einer Geduld gefallen, die angesichts der traurigen Erfahrungen aus der Geschichte nur einem erschreckenden Unverstand für alles Weiterliegende zugeschrieben werden kann. Das Gemüt der Völker wird also von der Seemacht nur wenig, vom Militarismus aber stark berührt und dies um so mehr, als es die Lasten der Marine kaum, die des Militarismus aber sehr zu spüren glaubt. Dazu kommt noch der Gedanke, nur Deutschland sei an all den Lasten schuld. Der Unverstand der Völker sieht nur unsre Macht und nicht die der andern, und in unsrer Militärmacht nicht den Hort des Friedens, nicht den notwendigen Wall, den sie gegen Osten bildet, sondern uns nur als Eroberer und Unterdrücker. Der Teil unsrer Feinde aber, der wenigstens so weit denkfähig ist, in Englands Seemacht eine Gefahr zu erkennen, gönnt die Macht dann eher England als Deutschland. Damit berühren wir die Gründe, die wir suchen.

Nicht die Unterschiede philosophischer Ansichten, nicht die meist rasch vergessenen geschichtlichen Tatsachen sind es, die zunächst ein Volk zum Haß gegen ein anderes entflammen können, denn die liegen seinem Verstande viel zu fern, sondern es sind die persönlichen Einwirkungen und Erfahrungen, die ein Volk auf das andre im Verkehr untereinander täglich und immerwährend auf seine Gefühls-, auf seine Verstandes- und vornehmlich auf seine Gemütswelt machen. Früher, als man noch nicht lesen konnte, begannen nur die an den Grenzen wohnenden Personen gegenseitig Reibungen untereinander; heute, bei dem gesteigerten und erleichterten Verkehr, haben sich diese auf die gesamten Völker übertragen. Da ferner der Handel mit Waren und Werten weitaus die meisten aller Menschen mittel- und unmittelbar beschäftigt*) und schon genug Zwiespalt im eigenen Volke veranlaßt, so ist es in hohem Grade auch dieser, der als Urheber des Hasses der Völker gegeneinander anzusehen ist. Wir müssen also den

*) Nach Prof. Hickmanns sind in Deutschland 14 v. H. der Bevölkerung Rentner, Beamte, Militär, Geistliche usw. oder Angehörige davon. Bei 55 Millionen Menschen in Deutschland hängt also das Einkommen vom wechselnden Gang des Warenaustausches ab.

Eindruck untersuchen, den die Presse, wir selbst und die Art unsers Waren- und Werte-Austausches auf unsre Nachbarn hervorrufen.

Jener Auslandspresse, die, nur den Vorteil ihrer Besitzer suchend, immer gegen uns gehetzt und geschürt hat, ist wohl die größte Schuld an all dem Haß und Unglück zuzuschreiben, wovon nun fast kein Mensch verschont zu bleiben scheint. Nur eine allgemein verbreitete Verstandeshöhe, der wir noch sehr fern sind, kann uns Menschen von der Tyrannei der Presse befreien und ihre Vorzüge ausschließlich zum Wohle der Menschen werden lassen. Ihr Einfluß auf das Gemüt des Volkes ist zu offensichtlich, als daß er weiter begründet zu werden braucht. Darum und weil wir nur das suchen wollen, was es der Presse so leicht macht, den Haß gegen die Deutschen auflodern zu lassen, betrachten wir im folgenden nicht mehr sie selbst, sondern nur die Art unsers Waren-Austausches und werden dann wissen, ob die Presse nur ein Strohfeuer oder eine dauernd glimmende Glut zum Weltbrand gegen uns entfachen konnte.

Der erste der auftauchenden Gedanken ist auf die Größe unsrer Ausfuhr gerichtet. Allein abgesehen davon, daß sich ihre Größenzahl selbst in dem durchgebildeteren deutschen Volke nur die allerwenigsten, geschweige denn mehr unter den andern Völkern vorstellen können, steigt die Einfuhr immer an und ist dem Mengenwerte nach erheblich größer als unsre Ausfuhr. Es ist fast kein Land zu finden, dem wir nicht seit Jahren immer mehr abgenommen hätten; wir müßten demnach als die größern Einkäufer nicht unangenehm, sondern angenehm empfunden werden. Nun könnte man weiter denken, die Ausfuhr der andern Länder sei geringer als die unsrige oder bliebe stehen — auch das trifft nicht zu: Ueberall finden wir gegen früher steigenden Handel, und wir selbst stehen damit durchaus nicht obenan, sondern erst an dritter Stelle. Vielleicht ist aber unser Gewinn größer als der der andern Völker und erregt das Verhältnis seines Zunehmens ihre Besorgnis? Der hierfür nötige Blick setzt Studien und Kenntnisse voraus, die man nur bei wenigen und bei den Regierungen, niemals aber bei den uns feindlichen Völkern vermuten kann. Die Größe unsers Handels an sich läßt also weder den Neid, noch den Haß, höchstens die Habgier im Nachbar aufkommen. Aber auch dann wäre noch immer nicht einzusehen, warum die Habgier so auffallend gegen unsern Handel gerichtet sein soll. Besitzen wir doch weder Goldgruben, noch haben wir die zum Leben unbedingt erforderlichen Waren, wie z. B. Salz, so allein, daß wir die andern Völker, je nach unsrer Laune, davon abhängig machen könnten; bleiben also nur noch die Art unsrer Waren, wir selbst und die Art unsers kaufmännischen Verkehrs mit den andern Völkern, die es sein müssen, , was uns so wenig Freunde bringt.

Vergleichen wir die Art unsrer Waren mit denen, die die andern ins Ausland vertreiben, so fällt sofort ein ganz gewaltiger Unterschied auf, indem wir überwiegend Fertigware, die andern weit mehr Rohware vertreiben. 64 v. H. des Gesamtwertes unsrer großen Ausfuhr nahmen in den letzten fünf Friedensjahren die Fertigwaren ein, während wir nur 15 v. H. davon einführten. Deutschland, als das bedeutendste Industrieland der Erde, könnte ohne Rohstoffe, ohne halbfertige Waren seine Fertigwaren nicht erzeugen. Wir müssen also tauschen. Die Verhältnisse der Zahlen sollten aber weder uns noch die andern überraschen; allein die Fertigwaren haben bei dem unzureichenden Verstand der Völker noch die Eigentümlichkeit, nachteilig auf das Gemüt einzuwirken, was bei den Rohwaren bereits überwunden ist. Wenn nämlich der Käufer von Fertigwaren diese außerhalb seiner engeren Heimat oder gar vom Ausland beziehen muß, verbindet er — und dies tut ganz besonders der Ausländer — sein Handeln mit Lokalpatriotismus oder Nationalstolz, mit Eigenschaften also, die mit dem günstigen Kauf von Waren in der Regel gar nichts zu tun haben sollen. Eine solche, dem Verstand nicht Stich haltende Verbindung kennt der, der Rohwaren kauft, fast gar nicht — ja eher könnte man das Gegenteil von ihm sagen. Alle Welt findet es selbstverständlich, daß Frankreich für Millionen Francs Blumen und seine köstlichen Weine versendet, niemand klagt bei uns darüber, daß Spanien und Italien allein für 24 Millionen Mark Apfelsinen uns jährlich liefern; alle Völker, denen kein Petroleum fließt, bedauern es, kaufen aber willig von Amerika und Rußland und finden es, wenn auch hart, so doch durchaus begreiflich, wenn die Preise dafür steigen. Will der Hüttenmann bestimmte Eisensorten herstellen, weiß er, wann er spanische, wann schwedische oder belgische Erze braucht und ist recht froh, sie zu bekommen; und gar von Genußmitteln verlangt der Mensch oft hartnäckig zum Beispiel Austern aus England oder Holland, Tabak aus Cuba, Weine aus Bordeaux, Früchte aus Amerika zu haben und erfreut sich an dem Gewächs dieser Länder. Nie ärgert er sich deswegen über den Lieferer, sei er Amerikaner, Franzose oder Spanier, höchstens, daß auch er sich in die Fülle ihrer köstlichen Genüsse wünscht.

Kommt dagegen der Deutsche mit seinen Fertigwaren ins Ausland, die dort wohl auch, aber nicht so preiswert erzeugt werden, so hat er schon mit seinem Angebot den fremden Nationalstolz verletzt, hat den ganzen Haß der Konkurrenten auf dem Hals; und glückt darin einem deutschen Lieferer ein größerer Abschluß, tobt und schreit die gesamte Presse, als ob ein nationales Unglück geschehen wäre. Das ist ja schon innerhalb Deutschlands so, wenn eine Stadtverwaltung mal der Ansicht ist, der Bezug von Firmen andrer Städte sei vorteilhafter — um wieviel mehr und gehässiger dann, wenn der Wettbewerb von Nation gegen Nation geführt wird. Die Rohware, die nur von dem Land bezogen werden kann, wo sie vorkommt, erregt die Gemüter nur angenehm, die Fertigware dagegen wird unangenehm gefühlt, weil sie überall hergestellt wird oder doch werden könnte. Ob sie da so billig, so gut und rasch geliefert werden kann, sind Erwägungen, die wohl für den Bezug entscheiden, aber nicht mehr im Gebiete des im Volke vorherrschenden Gemütes, sondern ausschließlich in dem des Verstandes liegen.

Der Nachteil, den heute der Lieferer von Fertigwaren gegenüber dem von Rohwaren noch hat, ist damit aber noch lange nicht erschöpft. Die Rohware tritt nämlich trotz ihrer größeren Menge in bezug auf Raum und Gewicht nicht annähernd so ins Bewußtsein des Volkes wie die Fertigware. Jene kann also das Gemüt gar nicht so verletzen wie diese. Zweck der Fertigware ist es, möglichst im Volke verbreitet zu werden, die Rohware dagegen verlangt möglichst große Abnehmer, deren nur wenige da sind. Der Eindruck auf das Gemüt der Käufer ist somit bei der Fertigware verbreiteter. Von Rußland kaufen wir zum Beispiel jährlich für 1,4 Milliarden Mark, uns nimmt es für 0,8 ab, es liefert uns aber für 326 Millionen Mark Gerste, für 92 Holz, für 81 Weizen und für fast ebensoviel Geflügel usw., in dieser Art dem Gemüt angenehmer, meistens jedoch unfühlbarer Waren. Derartige Waren senden wir nach Rußland nur zum allergeringsten Teil, denn den breitesten Raum nehmen unsre Maschinen und -teile, kurz unsre halbfertigen und fertigen Waren ein. Wenn heute in Deutschland unsre Kaufleute, nicht zu reden von fernstehenden Berufen, erfahren, unser Jahreseinkauf von Großbritannien und seinen Kolonien übersteigt die Summe von 2 Milliarden Mark, und sie fragen sich dann, was von dort herkommt, so sind nicht die wenigsten verlegen darum, sofort Waren zu nennen. Wer denkt daran, daß England uns für 28 Millionen Mark jährlich Heringe schickt? Wir beziehen gleichzeitig für 122 Millionen Mark Kopra, von England allein für 35, ohne daß die meisten je was von Kopra gehört haben. Ich sage also, wir wissen schwer, ohne in Büchern nachzusehen, was wir für die 2 Milliarden Mark kaufen. Ganz anders aber, gleichgültig, welchen Berufes und Geschlechts, ist es beim Briten. Fragt man den, was wir ihm senden, so braucht er nur in seine Taschen zu langen, sich in seinem Hause umzusehen, und es fällt ihm irgendwo etwas mit dem Ausdruck „made in Germany" in die Augen. Nicht anders ist es im übrigen Ausland. Heizt einer bei uns mit Kohlen, denkt er nicht daran, ob sie aus Belgien, Frankreich oder England kommen; der Ausländer dagegen schiebt sie in einen Kessel, auf dem irgend eine deutsche Firma steht; will er in einen Träger ein Loch bohren, fällt ihm der eingewalzte Name eines deutschen Hüttenwerkes ins Auge, und ärgerlich setzt er den Bohrer aus Marienfelde an seine Maschine, die sicherlich von Chemnitz kommt. Statt daß ihm nun, wie es richtig wäre, sein Verstand sagt, die Fertigwaren der Deutschen scheinen vorteilhafter als die der Einheimischen zu sein, herrscht sein Gemüt vor und erregt sich über die Deutschen. Gewiß, die andern Länder liefern auch nicht nur Rohwaren, auch ihre Fertigwaren finden viel Abnehmer im Ausland, und doch setzen sie sich dem Haß der Verbraucher nicht aus. Das kommt daher, weil die andern Länder, zum Beispiel Frankreich und Amerika, davon weniger und dann meist Fertigwaren liefern, die einzig und neu in ihrer Art sind, sowohl was Güte, Geschmack als Gebrauch betrifft. Ich erinnere an die weltbeherrschenden Modewaren Frankreichs, an seine Parfüms und an die der Zeit vorauseilenden, stets gern gesehenen Maschinen Amerikas, und ich bitte dabei an die Zeit zu denken, als Amerika die Welt mit Näh- und Schreibmaschinen, Rechen- und Kassenmaschinen überraschte. Trotzdem für diese Fertigwaren meist unglaubliche Preise gefordert wurden, zahlte man sie willig, weil sie lange im Ausland ohne Wettbewerb am Markt sind und dort mit ihrem Vorteil in die Augen springen.

Wieviel ungünstiger steht es da um die deutschen Fertigwaren. Fast ausnahmslos sind sie solche, die überall im Auslande auch hergestellt werden, nur sind diese bei gleichen Preisen nicht so gut und so bequem zu haben wie die deutschen Waren. Der Aerger der zurückgedrängten Wettbewerber ist menschlich und darum zu begreifen. Denkt man nun noch an den eigentümlichen Unterschied zwischen Roh- und Fertigware, wonach die erste, um wirtschaftlich möglichst günstig zu wirken, rasch verbraucht, die Fertigware aber tunlichst lange erhalten bleiben soll, dann spinnt sich der hier verfolgte Gedanke auf die grundverschiedene Art des Vertriebes beider Warengattungen über. Auch da ist der Rohwaren-Lieferer dem Gemüt des Volkes angenehmer als der andere. Jener kommt nur zu wenigen, dieser muß möglichst jeden einzelnen besuchen. In Kohlen, Erzen, Holz, Häuten usw. werden große Abschlüsse gemacht, das Aussehen und die Güte der Ware ist mit wenigen Worten festzulegen. Streitigkeiten darüber sind deshalb selten oder kurz. Der Absatz richtet sich genau nach Angebot und Nachfrage, der Preis ist darum einheitlich der sogenannte Marktpreis. Dem Feilschen zeigt er nur wenig Angriffsflächen. All das Angenehme bietet die Fertigware nicht. Ihr Angebot richtet sich durchaus nicht so nach der Nachfrage, wie bei der Rohware, sondern bei der Fertigware muß die Nachfrage vielfach erst erweckt werden. Denken wir an eine verbesserte Maschinenart oder an ein chemisches Mittel: Welcher Aufwand von Geist, Zeit und nervenerregender Ausdauer gehört dazu, dafür erst das Bedürfnis zu erwecken, wie oft muß der Käufer belästigt und immer wieder überredet werden, das Neue einzuführen. Ist dann endlich ein Feld für so eine Art Fertigware erobert, hebt dies nicht selten ohne Zutun des Rohwaren-Lieferers die Nachfrage nach seinen Waren. Es liegt auf der Hand, daß es viel leichter ist, Rohstoffe, wie Kohlen oder Erze, in Millionen-Abschlüssen zu verkaufen, als gegen ein Dutzend in- und ausländischer Wettbewerber die Vorteile einer Dampfmaschine oder einen Abschluß in Werkzeugen durchzusetzen. Dort spielen in der Regel nur die Frachten, hier aber die theoretischen und praktischen Vorteile eine Rolle. Die Eigenschaften der Rohware durchschaut der Käufer leicht, und der Besuch des Reisenden ist oft nur ein Akt der Höflichkeit; bei der Fertigware muß er dem Verkäufer trauen und seinen Verstand anstrengen, denn die Fertigware ändert dauernd ihre Gestalt; sie ist der Laune und zu allem Ueberfluß noch der Mode unterworfen. Meist ist der geringe Abschlußbetrag für Fertigwaren heiß umstritten. Mit einem Aufgebot von Ingenieuren, Chemikern und Kaufleuten werden Projekte und Kosten-Voranschläge gemacht, immer wieder neue Muster vorgelegt, alle Mittel des Verstandes arbeiten fieberhaft, Beziehungen werden angebahnt und leider nicht so selten jene Phantasien gebraucht, die schon stark die Grenzen der Wahrheit überschritten haben. Obwohl also die Fertigware gegenüber dem Vertrieb der Rohware den weit Verständigeren und viel Fleißigeren fordert, wirkt dieser nicht, wie man wünschen sollte, als der Angenehmere, sondern als der Zudringlichere, als einer, der belehren muß, der es oft nötig hat, seine Waren aufzuschwätzen und dabei zu übertreiben, der überall hinkommen muß und dabei die breitesten und dem Gemüt am meisten zugänglichen Schichten des Volkes zu bearbeiten hat. Die denken nicht, wie es die wenigen Großkaufleute bei der Rohware tun, vor allem an den für sie günstigen Wert der gekauften Ware, sondern nur an die Hingabe ihres Geldes, für die sie noch neben der Ware besondere Höflichkeiten erwarten. Die kleinen Käufer sehen immer mehr den Vorteil, den der Verkäufer aus ihrem Gelde zieht, als den aus den Lieferungen.

Die Schwierigkeiten, die der hat, der Fertigwaren erzeugt und gleichgültig wo vertreibt, sind zwar immer größer als bei dem, der die Nachfrage nach Rohwaren zu decken hat, und kein Ausländer ist etwa davon ausgenommen, aber der Deutsche verletzt das Gemüt der andern mit seinen Waren mehr. Tut er dies schon mit der Menge seiner Waren, womit er mehr als seine Wettbewerber alle Welt überflutet, so kommen wir der Ursache noch näher, wenn wir uns die Art, wie der Deutsche seine Waren vertreibt und vertreiben muß, ansehen.

Der Deutsche, gezwungen durch die Gattung seiner Waren, deren Vertrieb oft ein sehr großes Maß von Kenntnissen nötig macht, schickt Leute hinaus, die sich diese Kenntnisse möglichst Jahre vorher schon in den Erzeugungsstätten recht gründlich aneignen mußten. Er würde es vorziehen, seinen englischen Kunden Engländer und nach Frankreich Franzosen zu senden, wenn er dies könnte; da dies aber nicht geht, die Gründe sind naheliegend, muß er Deutsche hinausschicken. Das tun die ausländischen Firmen nicht. Sie wählen, um ihre Waren in einem fremden Lande zu vertreiben, einen darin geborenen Vertreter; die engeren Beziehungen dieser Leute zur Kundschaft sind Vorteile für sie, die der Deutsche nur durch größeren Fleiß überholen kann, wenn er sich behaupten will. Weil er aber dabei seine Waren besser kennt und dadurch alle ihre Vorzüge rasch ins rechte Licht bringen kann, hat er mit besseren Waren einen Vorsprung, den die eingeborenen Vertreter nie einholen können. Die Folge davon ist erfahrungsgemäß die, daß der eingeborene Vertreter nicht seine eigene Unwissenheit, sondern den Deutschen für sich hemmend spürt und ihn, je größer dessen Erfolg ist, desto mehr anfeindet. Er fühlt in ihm den Eindringling, zieht seine Fehler ins Maßlose und verhetzt so die Käufer, die wohl nach dem Gebot ihres Vorteils, jedoch gegen ihr Gemüt dem Deutschen abkaufen. Es ist nicht anzunehmen, daß uns die Ausländer darum beneiden, weil wir billiger, besser und rascher liefern, also mehr leisten müssen als sie. Dennoch wäre da eine Stelle, wo der Neid seine üppigsten Blüten treiben könnte, denn eine Mehrleistung sollte auffallen; die Grundlage zum Neid wäre somit gegeben. So weit denken aber die meisten Menschen gar nicht, und ganz besonders die nicht, denen die höheren Leistungen der Wettbewerber gegen den persönlichen Vorteil gehen. Da fühlen sie nur, daß sie nicht mehr so bequem wie früher arbeiten und verdienen können, und daraus entsteht Aerger, Zorn und Wut, und diese Eigenschaften, dauernd genährt, erzeugen gegen den Tüchtigeren jenen Haß, der vom Neid gar nichts wissen will. Nicht nur die einheimische Industrie, sondern auch die ausländische kommt damit durch ihre einheimischen Agenten zu einem einmütigen Haß gegen den deutschen Wettbewerber und türmt ihm Widerstände auf, wo sie nur kann.

Unberechtigte Widerstände treiben den ehrgeizigen Menschen zu immer höheren Kraftleistungen. Solange die so steigenden Leistungen mit anständigen Mitteln erreicht werden, liegen sie im Fortschritt der Menschen, und nur der Unverstand, nur Gemütseigenschaften, wie Haß, Rachsucht, Habgier und Neid wollen sie vergeblich einhalten und vernichten. Leider aber sind die Mittel, die die Deutschen ununterbrochen erfinden, nicht immer frei von Schlacken, und wenn diese auch der Ausländer ganz besonders gern breittritt, so sind sie doch nicht zu übersehen, vielmehr sollen wir uns ihrer sehr bewußt werden; denn nur so können wir sie entfernen, nur dann ist dem Ausländer die letzte Möglichkeit, sich berechtigt gegen unsern Wettbewerb aufzulehnen, für immer genommen.

Wer heute von uns Deutschen seinen notwendigen tiefen Haß gegen die seitherige Politik der englischen Regierung nur aus dem Verstande und dem richtigen Gefühl nährt und mit der englischen Politik nicht das Handeln der einzelnen englischen Geschäftsleute verwechselt oder zusammenwirft, der kann auch heute nicht anders sagen, als daß der kaufmännische Verkehr mit der englischen Geschäftswelt ein großzügiger und durchaus angenehmer war. In bezug auf seinen Anstand, seine Geschäftsart, sein Worthalten war uns der englische Kaufmann mit Recht immer vorbildlich. Nie war er kleinlich, und die in England übliche Tatsache, wonach dort Kaufleute jahrelang im gegenseitigen Zufriedensein Verträge nur auf das gesprochene Wort hin halten, soll bei uns nur in den Hansa-Städten vorkommen, während sie uns im Binnenlande ganz unmöglich erscheint. Gewiß, man wird Fertigwaren nicht leicht liefern können, ohne schriftlich gegenseitig seine Wünsche und Garantien festzulegen, wie dies bei Rohwaren möglich ist. Das schriftliche Festlegen von Verträgen empfindet der Anständige aber immer mehr als einen Zwang, wenn auch als einen notwendigen. Hat der Engländer mal Vertrauen zu einem Mann oder einer Sache gefaßt, ist dies so felsenfest, daß er oft sehr lange Zeit braucht, wenn er einsehen muß, es an der falschen Stelle verschwendet zu haben. Sein Rechtsgefühl ist so zähe, daß er lieber ein Mehrfaches im Kampfe darum verliert, als durch Nachgeben und Einigen ein Geringeres aufzugeben. Nicht als Preisdrücker kennen wir ihn, sondern als einen, dem es in der Seele verhaßt ist, dem Herumbalgen unsrer deutschen Firmen um seine Aufträge zusehen zu müssen. Viele nannten ihn, sobald er die geforderten Preise zahlte, nobel, aber dumm der, dessen billigeres Angebot unberücksichtigt blieb. Wie oft haben wir Deutschen es den Engländern, jeweilig nach dem Ausgang für uns, als Vorzug oder Nachteil angerechnet, daß sie eher Geschäfte fahren lassen, als darum feilschen zu müssen! Natürlich nicht jeder wird zustimmen und vielleicht Gegenteiliges erzählen können; fest steht aber dennoch, daß vor dem Kriege die hier geäußerte Ansicht über die Engländer mit Recht die vorherrschende war. Wer es nicht selbst erfahren hat, wie der britische Kaufmann es begreiflich fand, in einem Abkommen jedem seinen Vorteil zu lassen, gleichgültig, ob er dabei als Käufer oder Verkäufer, Inhaber oder Angestellter eines Geschäfts auftrat, der studiere die Gründungsgeschichte des amerikanischen Steel Trust und lerne aus der Organisation dieses geistigen, von einem Briten errichteten Baues. Wir wissen ferner, und bezeichnenderweise staunen wir noch immer darüber, wie sich die englischen Konkurrenten gegenseitig achten und helfen.

Wie ganz anders sieht es da in unserm Vaterlande aus! Die Pest wird jedem an den Hals gewünscht, der sich untersteht, dieselben Waren zu verkaufen; jeder will allein den Anstand gepachtet haben; ist man aber mal gezwungen, kaufmännischen Streitigkeiten an unsern ordentlichen, wie an den Kaufmanns-Gerichten beizuwohnen, dann blickt man in einen Abgrund, den man bei der Größe unsers deutschen Wesens nicht erwartet hätte.

Willkürliche Behandlung des Lieferers und gleichzeitig tiefste Demut vor dem, der kauft, sind nicht selten schrille Gegensätze in einer Firma — die viele Wettbewerber hat. Preisdrückereien, von manchen Firmen planmäßig mit dafür bezahlten Einkäufern betrieben, sinnloses Unter- und Ueberbieten der Wettbewerber mit allen erlaubten und unerlaubten Mitteln, das Aufträgesammeln um jeden Preis, selbst unter Darangabe eines Verdienstes, bilden den Jammer, in den jeder deutsche Kaufmann stets mit einstimmt.

Freilich, die englische Politik ist vom kaufmännischen Geiste erfüllt. Aber: unbekümmert um Recht oder Unrecht, unbekümmert um das Leben unschuldiger Menschen, will sie ihn durchsetzen und ihm die Vorherrschaft auf der Welt mit den verruchtesten Mitteln erhalten. Das ist dauernd nicht möglich und trägt den Keim des Verfalles schon beim Entstehen in sich. Wir aber, die dahinter kommen wollen, wo der Brennstoff liegt, der den Haß der Völker entflammen ließ und nicht den Gründen der Regierungen nachforschen wollen, müssen uns sehr hüten, die Art, wie der Geist in den Geschäften waltet, mit der Art, wie dieser Geist von den Regierungen verbreitet und behauptet wird, als eins anzusehen. Beide Arten sind grundverschieden; diesen Grundsatz hat ja schon zu seiner Zeit Kant beobachtet und festgestellt; sie sollten es nicht sein; können aber einander sogar widersprechen, wie sich dies ganz deutlich beim Engländer und seiner Politik zeigt und bei der der Deutschen und ihm selbst nachgewiesen werden kann. Ich glaube, mich noch verständlicher zu machen, wenn ich auf das Wesen und die Art des Verbreitens der verschiedenen Religionen hinweise. Auch bei ihnen ist ihr innerstes Wesen der Art, wie es verbreitet und behauptet wird, oft fremd, ja sogar zuwiderlaufend; und wie sich im Menschen nach langen, blutigen Kämpfen auch da nur das Gute davon erhalten hat, das Gewalttätige aber verloren ging, so werden sich auch darüber die Völker einigen, aus den beiden Arten, ihren Handel zu führen, nur das Gute, weil es das allein Zweckmäßige, mit geringstem Widerstand zum Ziele Führende ist, zu erhalten. — Vom Franzosen wissen wir geschäftlich ebenfalls nur Angenehmes. In leichten, stets verbindlichen Formen wickelt er glatt seine Geschäfte ab, er ist ebenso fleißig wie sparsam und kennt nur ein Ziel, sich in mäßigen Grenzen soviel zu erübrigen, um in einem noch genußfrohen Alter irgendwo auf dem Lande sein Leben sorgenfrei zu beschließen. — Den Russen ist heute noch unsre Gründlichkeit verhaßt und leicht bringt ihn seine Unbildung und das ihm mangelnde Pflichtgefühl unter die Herrschaft verständigerer Fremden.

Wiederum stehen allen diesen Eigenschaften die des Deutschen geradezu entgegen. Die Pflicht setzt er über alles, er ist voll Wißbegier und mehr in ihrer Befriedigung des Lebens Freuden findend, als im Frohsinn, kennt er keine Ruhe, fühlt den steten Drang, vorwärts zu kommen, so mächtig in sich, daß ihm meistens dabei die notwendige und erste Forderung der anderen Völker: leben und leben lassen, gar nicht ins Bewußtsein tritt. So einer ist Menschen, die ruhig auf ihrem Besitz zu liegen glauben, schon kein bequemer Nachbar, um wieviel weniger aber erst dann, wenn er sie in ihrem Lande aufsucht, sich dort niederläßt, besser, billiger und dazu noch länger arbeitet, zusehen läßt, wie er es immer weiter bringt und schließlich noch die Eingeborenen als Angestellte beschäftigt und sie sich unterordnet.

Gehen wir in der Richtung weiter, stellt sich unserm Forschen die Frage entgegen: Welchen Eindruck machen die Deutschen im Ausland auf das Volk dort, und welche Schlüsse zieht es aus unsrer Erscheinung, aus der Art, sich zu geben und zu arbeiten, auf unsre ganze Nation? Erinnern wir uns dabei, wie ein Volk zu seiner Ansicht beispielsweise über das englische oder das italienische kommt.

Den Engländer sieht das ihm fremde Volk nur als den gut angezogenen, sich wohl verhaltenden, nicht feilschenden Vergnügungsreisenden, der viel Geld ins Land bringt und bewußt, stets sein Vaterland hinter sich zu haben, eine unvergleichliche Haltung einnimmt. Nie erscheint er uns arm. Denken wir dagegen an die Italiener, dann stellen sie sich unserm geistigen Auge als Arbeiter, in samtener Hose, mit einem irgendwo angebrachten roten Tuche oder nach den Gemälden in malerischem Schmutz in der Sonne liegend vor. Daß es auch viel reiche Italiener gibt, die wie wir gekleidet gehen und arbeiten, daß auch die Engländer arm und in Lumpen sein können, daran denkt das Volk kaum, denn der Eindruck von einer Nation auf die andere ist nicht der, wie ihn nur ein mühevolles Studium ergeben kann, sondern so, wie sich die wenigen Besucher in dem ihnen fremden Lande dem Volke zeigen. Genau so geht es natürlich den Ausländern mit uns.

Der ausländische Vergnügungsreisende fällt bei uns angenehm nicht bloß deswegen auf, weil er Geld bringt, sondern auch, weil er für uns fast ausschließlich aus einer Gesellschaftsschicht zu kommen scheint, die an ein Wohlleben auch zu Hause gewöhnt ist. Der Ausländer aber, der bei uns arbeiten will, fällt, den Italiener ausgenommen, überhaupt nicht auf, und die ausländischen Studierenden schmeicheln unsrer Eitelkeit. Ganz anders der Deutsche. Seine Wißbegierde treibt alle seine Schichten überall hin, und gleichgültig, ob er in Geschäften oder zu seiner Erholung reist, und gleichgültig, ob's den andern angenehm ist, er will die Sitten und Gebräuche besonders der Vornehmen kennen lernen. Er wohnt, speist und vergnügt sich an Plätzen, die weder seiner Vermögenslage noch seinen Gewohnheiten dauernd passen würden, und die Eingeborenen, gewohnt, sich nur in angemessener Kleidung da anzufinden, empfinden den ihrer Ansicht nach unpassend angezogenen Deutschen lästig. Der Vergleich mit andern Nationen, wovon sich die unteren Schichten niemals so vordrängen, fällt somit zu seinen Ungunsten aus, weil man beim Andern nur das Aeußere, im Deutschen aber nicht seine Wißbegierde, seinen Willen, vorwärts zu kommen, sehen kann.

Untersuchen wir nun weiter, aus welchen Farben das Bild im ausländischen Volk von den Deutschen entsteht, die im Ausland arbeiten, und das sind weitaus die meisten, so muß dies vollends zu unsern Ungunsten ausfallen. Kellner, Metzger, Bäcker, Barbiere, Dienstboten, Musiker (german bands), reisende Kaufleute und Kommis sind es, die auffällig unsre Nation im Auslande vorstellen, und so dankbar wir Deutschen diesen braven Leuten für ihr Streben sein müssen, ebenso berechtigt dürfen wir aber doch sagen: sie sind nicht unsere beste Seite. Wir sind ihnen dankbar, weil sie Kulturträger sind, vergessen wir aber nicht, wieviel mehr sie zu uns herein- als hinausgetragen haben. Weder Kultur noch Geldeswert können sie dem Auslande dafür bringen, denn beides suchen sie dort sichtlich nur gegen ihren erst erwachenden Verstand und ihren Fleiß einzutauschen.

Die Tauschmittel sind ungleich. Das, was sie geben, ist dem Gemüt des Ausländers, wie wir gesehen haben, unangenehm, er nimmt es nur widerwillig und sein Eindruck von dem Deutschen ist der eines Dieners, oder doch zum mindesten eines Menschen, der von ihm etwas will und der bereit ist, für das Geld des andern etwas zu tun. Abermals kann man darum einwenden, es gehen doch nicht bloß die Deutschen hinaus, überall sind englische, holländische, russische und italienische Arbeiter. Ja, in England weicht sogar der deutsche Handwerker dem russischen und italienischen, und dennoch haßt man den Deutschen am meisten. Mit Ausnahme der Reichsdeutschen, die den Fremden sogar übertrieben hochachten und verehren, wird es kein anderes Volk der Erde geben, das den Fremden nicht störend empfindet. Damit drängt sich der hier verfolgte Gedanke in das Gebiet der Zahlen. Ohne daß wir die aber vorher ansehen, wissen wir bereits, daß der Deutsche, abgesehen von seiner Wißbegierde, andere Völker kennen zu lernen, als Kaufmann gezwungen ist, in größerer Zahl die andern Länder aufzusuchen als die übrigen Nationen, denn das Tauschmittel, womit er arbeitet, die Fertigware, erfordert, wie schon erwähnt, für ihren Vertrieb eine weit höhere Zahl von Menschen in größerer Verbreitung als der Vertrieb von Rohwaren. Wir sehen daher auch den Deutschen überall wie keine andere Nation auf der Erde verbreitet. Die folgenden Ziffern, die aus einer Arbeit des Kaiserlich Statistischen Amtes „Die Deutschen im Auslande und die Ausländer im Deutschen Reich" zusammengestellt sind, führen den Beweis dieser letzten Behauptung sehr deutlich. Obwohl er sich nur auf Zahlen um das Jahr 1900 stützen kann, verliert er doch nicht an Wert, denn wir können beruhigt annehmen, daß sich die Zahlen inzwischen nicht verringert, sondern nur vergrößert haben.

Am 1. Dezember 1900 hielten sich fremde Staatsangehörige auf in		Das sind auf 1000 Einwohner	Von 100 Fremden sind deutsche Staatsangeh. ca.
Deutschland	778 737	13,8	—
Britannien	286 926	6,9	20,4
Frankreich	1 051 907	27,5	8,0
Belgien	206 061	30,8	26,0
Rußland	605 500	0,5	25,0
Oesterreich-Ungarn	763 449	15,0	16,8
Italien	61 606	1,9	16,0
Holland	52 989	10,4	40,5
Schweiz	383 424	115,3	44,0

Nehmen wir daraus, wo die Zahlen es gestatten, diejenigen Fremden, die ohne Beruf von ihrer Rente leben, so stellt sich heraus, daß von 100 in Deutschland geborenen Fremden dies in Rußland 5,3, in der Schweiz 3, in Britannien dagegen nur 2,3 taten, während in Deutschland von 100 Belgiern 3,8, von den Franzosen 6, von den Russen 8 und von den Briten sogar 15, ohne Arbeit zu suchen, ihr Geld verzehrten.

Uns suchen also die Fremden verhältnismäßig mehr zu ihrem Vergnügen, wir sie mehr zur Arbeit auf, und dieses Zahlenergebnis würde dies sicher noch viel schärfer ausdrücken, wenn man die Zählung statt im Dezember 1900, als man im Winter noch nicht zum Vergnügen reiste, im Sommer vorgenommen hätte. Betrachtet man nun schon den Fremden als Fremdkörper und sucht seinen nun mehrfach erwähnten Eindruck auf das Gemüt eines Volkes in Zahlen zu messen, dann müssen wir noch die Menge der Deutschen in den einzelnen Ländern in bezug auf die Einwohnerzahl vergleichen und die Fremden in Deutschland, gesondert nach Nationen, diesem Ergebnis gegenüberstellen.

Man wird überrascht sein, die Zahl der Deutschen im europäischen Auslande nicht annähernd so groß zu finden, wie man sie sich gewöhnlich vorstellt, und darin könnte eine Schwäche meines Beweises gesehen werden. Aber wie fast immer beweist nicht die

Fremde Staatsangehörige in Deutschland aus:	1900	1905	1910	Auf 100 000 Einw. in Deutschland			Deutsche Staatsangeh. in:	auf 100 000 Einwohner
				1900	1905	1910		
England	16130	17253	18319	28	28	28	49133	151
Frankreich	20478	20584	19140	37	34	29	90746	237
Belgien	12122	12421	13455	21	20	21	53408	798
Rußland	46967	106639	137697	84	176	210	151102	120
Oesterr.-Ungarn	390964	525821	667159	700	875	1030	114384	400
Italien	69738	98165	104204	122	162	162	10745	33
Holland	88085	100997	144175	156	170	220	31654	620
Schweiz	55494	62932	68257	99	103	104	168238	5077

tatsächliche, sondern die Verhältniszahl. Erst der Vergleich der Rubriken 5, 6, 7 mit 9 läßt den gewaltigen Unterschied fühlen. Ich sage absichtlich fühlen, weil Zahlen nicht sagen können, wie der Fremde vom Gefühl, Verstand und Gemüt im Ausland unangenehm, in Deutschland dagegen angenehm empfunden wird. Deutlicher: Hundert Engländer fühlen einen Fremden stärker als den selben hundert Deutsche.

Es fehlen ferner die Zahlen der im Ausland befindlichen deutschsprechenden Oesterreicher und Schweizer, die vom Ausländer meist als Deutsche angesehen werden.*)

Abschweifend vom Ziele meines Aufsatzes, aber doch so anregend, um nicht daran vorüber gehen zu können, ist der Vergleich der Rubriken 5, 6, 7. Man kann nämlich sagen, an Deutschlands Kultur wird heute kein Volk mehr vorüber gehen, ohne dies nachteilig zu spüren. Diejenigen der Völker, die Deutschland in steigender Zahl aufsuchen, darf man daher als die vorwärtsstrebenden, die andern als die weltabgewandten, mit ihrer Kultur sich begnügenden, nennen. Aus vielem andern als aus dem der angeführten Ziffern zeigt sich, daß England, Frankreich und Belgien rückwärts gehen oder doch zum mindesten stehen bleiben. Länder dagegen wie Italien, Holland, die Schweiz und, was nur ein Blinder nicht sieht, Rußland, schreiten geistig vorwärts. Mit dieser Behauptung deckt sich die Zunahme der Völker, die Deutschland immer mehr aufsuchen, und die, die es innerhalb zehn Jahren weniger tun, zu auffallend, als daß die Rubriken 5, 6, 7 nicht als einer ihrer Beweise gelten sollten.

Da ich behaupte, das Gemüt, nicht der vom richtigen Gefühl geleitete Verstand sei es, der den Haß einen so fruchtbaren Nährboden in den andern Völkern finden läßt, muß ich einen Punkt noch berühren, und damit stelle ich wohl das höchste Anfordern an unsre Selbsterkenntnis.

„Das Auge ist des Menschen größter Feind", sagt Nietzsche. Durch das Auge nehmen wir nur das Aeußere wahr, und da unser Gemüt leicht davon zu bewegen ist, unser Denken aber nur oberflächlich ist, können die tieferen Denker in stets sich wiederholenden Beispielen die traurige Tatsache feststellen, wie die Menschen, unbekümmert um das Recht, dies dem schönen, ihren Augen wohlgefälligen Menschen leichter zusprechen, als dem, der auf das Aeußere weniger Wert legt. Ein unschöner, geschmacklos gekleideter Mensch, mit Manieren, die dem andern zuwider sind, bedarf eines außerordentlichen Maßes an Verstand, um sich durchzusetzen. Die Mehrarbeit, die ein solcher Mensch dazu braucht, ist vergeudet. Sie könnte verwertet werden, wenn er mehr auch an seinen äußern Menschen denken würde, und es bleibt eine bedauerliche Lücke im Verstande unsers deutschen Volkes, wenn es nicht trachtet, sie auszufüllen. Unser Reichtum gestattet uns heute, ebenso die äußere Kultur unsers

*) Der engl. Staatssekretär McKenna hat nach Ausbruch des Krieges die Anzahl der Deutschen in Großbritannien mit 50 633, die der Oesterreicher mit 16 141 angegeben.

Körpers und unsrer Erscheinung zu pflegen wie die Völker, die uns da unstreitig noch voran sind. Wir haben zwar darin Fortschritte gemacht. Ferner stehen wir im Wettbewerb mit andern Völkern, die darin noch nicht auf unsrer Höhe sind. Aber die sieht man weniger. Sie verschwinden als Arbeiter in den Gruben und auf dem Lande, und die man als Fremde im Auslande bemerkt, sind fast nur die Reichen eines solchen Volkes, die es meisterhaft verstehen, der äußern Kultur des westlichen Europas zu huldigen.

Der Deutsche dagegen mit seinem unbändigen Drang, vorwärts zu kommen, ist für das Auge der andern zu rasch dazu gekommen, er ist im Verhältnis zu ihnen Emporkömmling und drängt als solcher nicht, wie die andern Völker, mit seinen untersten Schichten aufs Land, sondern fast nur in die Städte, zeigt sich dort überall, hat aber dabei für die Aufnahme äußerer Kultur weniger Talent als seine östlichen Nachbarn. Weiter vorn, wo die Berufe der Deutschen im Auslande besprochen wurden, sagte ich, wir zeigen dem Ausland nicht unsre beste Seite, hier muß ich ergänzen, wir lassen auch nicht unsre schönste Seite sehen. Die Masse der Völker, die nicht denkt, sondern nur mit dem Gemüt, nur nach dem Auge urteilt, gibt aber nur der schöneren Erscheinung ihre Gunst.

Fassen wir zusammen:

Die Deutschen sind ein Volk, das bis zum letzten Mann den Willen zur Macht hat, und stehen fast nur solchen Völkern gegenüber, die teils auf mühelos erworbenen Reichtümern ausruhen wollen, in der Mehrzahl aber zufrieden wären, wenn man sie in Ruhe ließe, weil sie von den Schätzen ihres Bodens üppig leben und dazu noch anderen abgeben können.

Nun denken wir uns mal in die Lage, auch Deutschland wäre so ein Land, und die bis vor kurzem nur unserm Auge häßlich erscheinenden Japaner wären uns geistig überlegen, fleißiger als wir und nun kämen sie, überschwemmten unser Land, ließen sich nieder, verdrängten uns aus gut bezahlten Stellungen, würden unsre Vorgesetzten mit höheren Einnahmen, errichteten bei uns eigene Geschäfte und Fabriken, die immer mehr wüchsen, brächten Waren billiger und besser auf den Markt als wir — und unser Volk wachte auf und möchte auch reich werden, und unsre Reichen, die vordem ein behagliches, ungestörtes Dasein führen konnten, müßten arbeiten und sich anstrengen, um ihre Rente auf gleicher Höhe zu halten. — Ja, würden wir da — zwar ganz gegen den Verstand — nicht auch unser Gemüt verletzt fühlen und unsern Haß auflodern lassen? — Wir wären Toren, wenn wir uns wunderten, daß unsre Nachbarn mit ihren zugänglicheren, leichter beweglichen Gemütern ihren geringeren Verstand ersticken! Darum bleibt uns nur übrig, zu untersuchen, ob wir im Rechte sind.

Mag sein, sagen unsre Gelehrten, daß wir mit unsern Fehlern, unsern Waren und der Art, wie wir sie vertreiben müssen, die Gemüter der andern verletzen. Aber das sind doch nur wenige der Unsern, hinter ihnen steht doch ein Volk mit der höchsten Geisteskultur. Ward je ein solches gesehen, das in der Wissenschaft zu führen verstand, wie das der Deutschen? Haben daher die Völker anderer Länder ein Recht, mitzutun, uns und unsre Kultur zertreten zu wollen? — Reichte der Verstand unsrer Nachbarn so weit, um unsre schwer zugängliche, weil nicht an der Oberfläche liegende Kultur zu erfassen, wäre heute kein Krieg.

Die Kraft unsrer Kultur versiegt bereits an den Grenzen unsers Landes. Sie wirkt auf die Nachbarvölker nicht, denn die haben keine Ahnung von ihr. Die Gelehrten unter unsern Feinden schätzen sie gewiß. Aber auch da halten nur die wenigsten der Wahrheit stand und gehen sogar dem Volk voran, wenn es die Politik für gut befindet, uns Barbaren zu nennen. Sollen die verhältnismäßig ungebildeten Völker unsrer Feinde den Kopf klar behalten, wenn ihn die Führer verloren haben? Im Volk der andern ist deshalb kein Glaube an eine uns eigene Kultur, weil es sie nicht sehen kann. Die unsre ist nicht mit dem Auge, sondern nur mit dem Verstande zu erfassen. Der Franzose, eingenommen von seiner eigenen, geht nur wenig hinaus, und der Engländer sieht da nichts. Gleichgültig, ob er in den Tropen lebt oder dem Nordpol zustrebt, um 5 Uhr muß er seinen Tee haben. Abgeschlossen von allen andern Nationen, bummelt er über die Erde, errichtet sich aber stets in der Fremde ein Stück Heimat und sorgt in erster Linie für Tennis- und Fußball-Plätze. Was schön ist, zeigt ihm Cook. Er findet die Sixtinische Madonna, den Mailänder Dom und den Parsival very nice nicht, weil er so empfindet, sondern weil es ihm so gesagt wird. Die Kultur eines Volkes, sofern sie sich in etwas anderem als in bequemen Einrichtungen eines Hotels geltend machen will, kennen zu lernen, erfordert den Verstand und viel Mühe und das Beherrschen der Landessprache.

Die haben und suchen unsre westlichen Nachbarn nicht in dem Maße, daß wir von ihrem Volke Erkenntnisse unsrer Kultur, geschweige denn Achtung oder gar Liebe zu ihr erwarten dürfen. Eine vielversprechende Ausnahme bilden da die Russen, mit ihrem bewundernswerten Talent für fremde Sprachen und ihrer Lust, zu denken und zu grübeln; nur sind derer, die daran Freude haben, im Verhältnis zu ihren noch in den Uranfängen stehenden Massen zu wenig, als daß ein Einfluß irgendwie bestimmend für die ganze Nation sein könnte.

Wie ganz verschieden arbeitet auch da die Gründlichkeit und die Lust zur Mühe bei uns. Wir erlernen die Sprachen, übersetzen die Literatur des Auslandes, verbreiten sie in billigen Ausgaben, mit Herz und Sinn lesen wir Shakespeare, Byron, Voltaire, Dostojewski. Wir pflegen die Musik, unbekümmert, welche Nation sie bringt, und kaufen die Kunstwerke vom Ausland, sobald wir sie besser als die unsern finden. Statt daß uns das wenigstens die Achtung der anderen erränge, ist eher das Gegenteil der Fall. Das, was sie in unsrer Kultur sehen, erkennen sie nicht mit Unrecht als Nachahmung, und unsre eben nur durch dieses Studium erweckte, aber oft aufdringlich gezeigte Liebe für ihre Kulturgüter läßt bei der Eitelkeit der einen und dem Hochmut und der Unwissenheit der andern nur den Gedanken aufkommen, wir selbst müßten keine eigene, jedenfalls keine bessere Kultur haben, denn sonst könnten wir die ihre nicht gar so bewundern.

Zu dieser berechtigten Liebe tritt nun höchst überflüssig die einzigartige Vorliebe des Reichsdeutschen für alles Fremde. Wenn diese Schwäche auch der deutsche Kaufmann dadurch auszunutzen versteht, daß er seine Waren unter English Club, Modes et Robes, Chic Parisien, Piccadilly und wie die Lockworte alle heißen, verkauft, sieht der Ausländer darin nicht den geschickten Angriff auf eine Lücke des Verstandes der Deutschen, sondern nur eine weitere Huldigung für seine Kultur.

Neid kann also auch die deutsche Kultur in unsern Nachbarn so lange nicht hervorbringen, als diese ihre für wertvoller halten.

Nur einer der mächtigsten Zweige unsrer Kultur, so sollte man meinen, müßte davon eine Ausnahme machen. Es ist dies unsre technische Wissenschaft. Sie fällt doch ins Auge, Verstand und Mühe, sie zu fühlen, ist nicht nötig. Kann man aber schon feststellen, daß den andern Völkern unsre Kultur gleichgültig ist, so stellt sich bei der näheren Ansicht der technischen Wissenschaft gar noch heraus, daß gerade sie es ist, die das Gemüt der andern Völker drückt, und dies, trotzdem ihnen doch der Verstand die Vorteile zeigen könnte, die allen Menschen durch diese deutsche Wissenschaft in so hohem Maße zugute kommen.

Sehen wir zu, wie sie wirkt:

Leben da Tausende von Menschen vom Bau und Verkauf des natürlichen Indigo, sorglos und den Markt beherrschend, da kommt die deutsche Wissenschaft und zeigt, wie er in unbegrenzter Fülle künstlich viel besser hergestellt werden kann. Millionen sind angelegt in Zuckerplantagen, die deutsche Erfindung des Rübenzuckers und des Sacharins wirft alle Berechnungen ruhigen Genusses über den Haufen. Butter, Kaffee und noch viele der Genußmittel könnten Quellen bequemen Reichtums werden, aber die Deutschen geben keine Ruhe, bis sie nicht mit billigeren Ersatzmitteln, wie Margarine, das Volk vom Naturprodukt abtreiben und die Preise dafür in angemessenen Grenzen halten. Die Dampfmaschine, eine englische Erfindung, ließ sich der billigen englischen Kohlen wegen so bequem von jedem tüchtigen Mechaniker bauen, die Deutschen quälten sich mit der Wärme-Theorie ab und vervollkommneten die Maschine so, daß heute der Engländer kaum mehr mit kann. Die Franzosen durften lange eitel darauf sein, in ihren Autos und Flugzeugen einen unerreichbaren Vorsprung zu sehen; unsre der Praxis meist gründlich nachgehende Theorie hat auch ihn eingeholt.

Die, die von unsrer geistigen Kultur berührt werden, schätzen sie nicht, wie sie sollten, als den Fortschritt für die Menschheit ein, der unaufhaltsam einem Ziele zustrebt, sondern sie sehen zunächst nur die Gefahr, die ihnen persönlich daraus droht, und das Unbequeme, ständig umlernen zu müssen. Zwar sind das die wenigeren im Volke und ihr großer Haß nimmt nur geringen Anteil am Haß der Völker — aber er wirkt fast ohne jede Gegenkraft, denn der Gelehrten und der Verständigen unter unsern Feinden, die unsrer Kultur teilweise die verdiente Hochachtung zollen, sind auch da zu wenige. Die Millionen

Menschen hingegen, denen alle diese deutschen Erfindungen das Leben verbilligen und demnach genußfähiger machen, nehmen sie wohl auf — der deutschen Kultur dafür aber zu danken, liegt noch außerhalb ihres Verständnisses.

Unsere Kultur ist somit nicht, wie die äußere der Engländer und Franzosen, eine Stütze, an der sich die Achtung und Liebe der andern Völker emporrankt, sondern wir müssen zurzeit, noch gefesselt von der Macht des Gemütes, sogar die Hoffnung aufgeben, unsrer Kultur wegen verminderten Haß zu erwecken.

Prüfen wir nun die geschilderten Eindrücke auf den Sinn der andern Völker nach Recht und Unrecht, dann bleibt als Unrecht nur die falsche Ansicht übrig, die die Mehrzahl unsrer Kaufleute über das Wesen des Warentausches hat; für sie liegt es in dem Streben, den andern im geschäftlichen Verkehr möglichst jeden Gewinn abzuschneiden. Unsre Fertigwaren dagegen, ihre Billigkeit und Güte, der Zwang, sie durch eine große Anzahl Deutscher überall vertreiben zu müssen, unser Fleiß, unser Streben, vorwärts zu kommen und die den Völkern bewußt werdenden Kräfte unsrer geistigen Kultur lassen es zwar verstehen, wenn sie im fremden Gemüt Haß erregen, dem aber ein gesunder, vom richtigen Gefühl geleiteter Verstand jede Berechtigung versagen muß. Liebe und Haß, Ehrgeiz, Eitelkeit und Hochmut, Rachsucht, Neid und Habgier, ja selbst die Dankbarkeit sind Eigenschaften, die nicht nur den Blick trüben, sondern auch von einem unveränderlichen Bild immer wechselnde Ansichten geben. Es kann daher auch keine Frage sein, ob dem Recht das Gemüt oder der Verstand als Unterlage dienen muß, denn der beste Wegweiser zur Wahrheit ist der reine, vom rechten Gefühl geleitete Verstand. Wir müssen daher unser Gemüt da unterdrücken, wo der Haß gegen den einzelnen unsrer Feinde aufkommen will, und unsern Verstand oben behalten, damit uns der heilige Zorn gegen die Politik unsrer Feinde erhalten bleibt.

Getragen von unserm Gefühl nach gleichem Recht für alle, finden wir Menschen es anscheinend widerspruchsvoll vermischt mit der Sucht jedes einzelnen nach seinem größten Vorteil und darin die Tragik der Ursache unsers Kampfes ums Dasein. Wohin wir uns auch wenden mögen, wir fühlen stets nur Kräfte walten, die zum Ausgleich drängen und im Gleichgewicht zur Ruhe kommen wollen. Der Unwissende will wissend werden, der Niederstehende will emporkommen. Diesem Naturgesetz sich widersetzen, seinen Gang hemmen wollen, tritt in die Erscheinung als Mangel an Verstand, als absichtliches Halten in der Finsternis auf der einen und als Stehenbleiben oder Rückwärtsschreiten auf der andern Seite einer todbringenden Gleichgewichtslage. Nur wenn beide Seiten immer vorwärts schreiten, wird sie nicht erreicht und im Kampf darum beide Seiten geistig erhoben. Nur so kann sich das geistige und wirtschaftliche Leben erhalten.

Wie allem Lebenden Triebe gegeben sind, es zu erhalten, haben wir Menschen dazu das Streben nach Glück geerbt, um unsern Geist zu heben; ohne uns je einig zu werden, was Glück ist. Ein Teil sieht es in der Behaglichkeit oder im Ausruhen auf dem

Besitz, kurz in der Zufriedenheit, der andere nimmt dies als Ziel im Vorwärtsschreiten, und nur ganz wenige suchen es im Idealen. Der erste Teil will beharren, der andere zum Ausgleich drängen, und damit ist ihm das größere Recht zugesprochen, so sehr sich auch das Gemüt dagegen sträuben mag und den Unzufriedenen haßt. „Ich liege und besitze; — laß mich schlafen" sagt der Drache, den Jung-Siegfried darum niedersticht. Nun erscheint uns freilich Siegfried schöner, wenn er mit dem Schwerte, als wenn er mit dem Musterkoffer kommt, weil er aber nur vom Warenaustausch leben kann, muß er mit dem Schwerte den zwingen können, der ihm verwehren will, Rohwaren zu kaufen und Fertigwaren dagegen einzutauschen, und er muß es auch dann tun, wenn ihm das Erzeugen und Vertreiben seiner Waren gegen die Gesetze der Natur, das heißt gegen die beste Ausbeute erschwert oder gefährdet wird. Nicht aber das Schwert erhält den Austausch an Waren unmittelbar im Gange, sondern nur die Ware allein.

Damit bricht der Qualitätsgedanke in den Kreis unsers Betrachtens. Siegen kann im Handelskrieg immer nur die Ware, die die größeren Vorteile bringt. Das Schwert kann wohl Länder mit Rohstoffen erobern, nie aber den Verstand, die Rohstoffe zu Fertigwaren nach diesem Gesetz umzuwandeln. Blind schlägt es Leute tot, die vielleicht gerade berufen gewesen wären, uns darin zu fördern, den Verlust trägt aber nicht eine Nation, sondern die Menschheit. Es darf deshalb nur gezogen werden, wenn es ein Naturgesetz verbreiten oder behaupten will, es dagegen zu ziehen, ist Wahnsinn. Daß dieser Wahnsinn die Menschen beherrschen kann, zeigt uns die Politik Englands gegen Deutschland. Solange ein Staat nicht die Sicherheit hat, daß sein geistiges Vorwärtsschreiten, das Erzeugen, Verbessern und Vertreiben der Waren nach dem Gesetz vom beiderseitigen größten Vorteil kein andrer unterbinden oder erschweren kann, solange wird und muß jener Staat rüsten, um mit der Macht seiner Waffen das Naturgesetz zu behaupten.

Die Welt gehört allen Menschen. Seinen idealen, uns von der Natur gesteckten Zielen strebt Deutschlands vom kategorischen Imperativ geleitete Politik zu. Die Welt nur einer Nation erobern zu wollen — Spanien und Frankreich scheiterten bereits daran — ist Englands Fehler, an dem es zugrunde geht, so glänzend sich auch seine Macht und sein Reichtum zeigen mag.

Erkennen wir in der Politik den Ausdruck des Gesamtwillens eines Volkes — er ist es in Deutschland weit mehr als in allen andern Ländern —, vergleichen wir dann die Politik Deutschlands mit der der Engländer und diese beiden mit dem Tun und Handeln der einzelnen Engländer und Deutschen, so fällt uns ein merkwürdiger, stark zum Gleichgewicht drängender Unterschied auf: Während Deutschlands äußere Politik stets nur gleiche Rechte für alle will, ist die der Engländer, unbekümmert um das Recht andrer Nationen, nur für das eigene bedacht; es durchzusetzen, scheut sie kein Mittel, mag es noch so verwerflich, ja sogar selbstmörderisch sein. Befangen in dem Irrtum, weit über allen Nationen zu stehen, hat die englische Politik für das Streben andrer nach gleichem Recht gar kein Verständnis. Nicht so der einzelne Engländer gegen seine Mitmenschen; da hat er, wenn er sich und sein Land nicht angegriffen wähnt, das richtige Gefühl in allem, was er treibt, bewußt oder unbewußt, weit mehr im Sinne Kants zu handeln als der Deutsche. Der überläßt Kant zu befolgen seinem Staate. Danach aber nun auch das eigene Handeln einzurichten, fällt ihm fast nie ein. Der deutsche Kaufmann befindet sich noch in dem irrigen Gefühl, seine Geschäfte brächten ihm dann weniger Gewinn.

Ich habe die Ursachen untersucht, die die Völker, nicht die die Regierungen zum Haß und Krieg gegen uns entflammen konnten; mit einer Ausnahme stellten sie sich als gegen den Verstand gerichtete Gemütsbewegungen heraus. Was hier bloßgelegt wurde, ist nur ein Teil der Kräfte, die zum Weltkriege führten. Da es aber jener Teil ist, der über den Frieden hinaus noch lange in den Völkern fortwirkt, müssen wir uns klar werden: die Kräfte sind so lange gegen uns gerichtet, so lange der Verstand der feindlichen Völker das auch für sie Notwendige unsers Handelns nicht einzusehen vermag. Und weil wir Techniker und Kaufleute dazu berufen sind, mit diesen Völkern persönlich die Arbeit wieder aufzunehmen, ist es auch der Teil, der uns nach unsrer nationalen Aufgabe am nächsten angeht.

Die Ursachen zum Haß der Völker gegen die Deutschen zu ergründen, lediglich um sich mit dem Ergebnis zu begnügen, kann für uns Techniker und Kaufleute nicht der Zweck dieser Arbeit sein. Der Zweck ist der: zu finden, wie wir unser Verhalten einzurichten haben, um den notwendigen Verkehr und Warenaustausch mit den uns heute hassenden Völkern nach dem Gesetz der höchsten Wirkung bei geringstem Arbeitsaufwand durchzuführen.

Der Haß als eine dies Gesetz hemmende Eigenschaft muß ausgerodet werden, gleichgültig, in welchem Gebiete seine Wurzeln saugen. Mit welchen Mitteln das aber erreicht werden kann, hängt allein von der Lage dieses Gebietes ab. Wäre nämlich das — was ich bestreite — heute in Deutschland aber allgemein behauptet und beifällig geglaubt wird — richtig, nämlich, daß in den uns feindlichen Völkern die Wurzeln des Hasses vorwiegend im Neid, der Eifersucht oder dieser verwandten Eigenschaften zu suchen seien, dann müßte unbestreitbar unsre Arbeit, sie auszuroden, genau im Gegensatz zu der sein, die wir aufzuwenden haben, wenn wir uns klar werden: Jener Haß wurzelt überwiegend in der geringeren Kenntnis der andern über uns, in ihrem Mangel und der Unlust, so tief wie wir zu denken, in ihrem Geringschätzen und Mißachten der Deutschen. Im ersten Falle würden die Meisten hinneigen, unsre Größe, um die wir uns beneidet glauben — zu verbergen, im letzten — müßten wir sie zeigen.

Können wir dies zur richtigen Zeit und mit dem nötigen Takt tun, sind wir auf dem rechten Wege; andernfalls gehen wir irre, und darum ist nach dem Erforschen der wahren Ursachen des Hasses, dem die höchste Bedeutung beizumessen: sich auch danach zu richten.

Unsre Diplomaten.

Stolz und Dankbarkeit erfüllt wohl jeden Deutschen für unsre Wehrmacht; verständnisvoll ordnet er als Glied einem Ganzen sich ein und erkennt die Härten des furchtbaren nie gewollten Krieges als etwas nicht mehr zu Vermeidendes, als ein Notwendiges für eine bessere Zukunft.

Durchhalten ist darum auch des so unvergleichlich militärisch geschulten Volkes einziger Gedanke; durchhalten, bis unser Verstand und unsre Kraft des Unverstandes harte Zähigkeit überwunden hat. — Seine schwächste Stelle hat das deutsche Volk zu schützen vermocht. Der unsern Feinden naheliegende Plan, uns von den Lebensmitteln und Rohstoffen abzusperren, ist ohne entscheidenden Einfluß geblieben. Die Absicht, uns auf die Kniee zu zwingen, zerschellte an der hohen Durchschnittsbildung der Deutschen. Männer, Frauen und Kinder nahmen daran teil und können immer noch beitragen zum Gelingen und Verbessern der größten Abwehr, die je einem Volke in ungerechtester Weise zugemutet wurde. Organisation ist darum jetzt auch das große Schlagwort. Freund und Feind stehen staunend vor ihr, und alle in Deutschland, bis zum jüngsten Lehrling, glauben Gegenstand dieses Bewunderns sein zu dürfen. Viele mit Recht; denn daß wir trotz unerhörter Schwierigkeiten all die überraschenden Hindernisse überwunden haben, verdanken wir nicht Gütern und Zufällen, wie sie andern Völkern bei der Geburt schon in der Wiege liegen, sondern einem wohlorganisierten Staate, einem seit Jahrhunderten vererbten, rastlosen Streben, woraus Kenntnisse entstanden, die unsre Gehirne befähigten, das Wunder zu vollbringen.

Verehrend blickt darum der Deutsche auf seine Feldherren, unsterblich sind ihm durch ihre Taten seine neuen Helden geworden und begeistert darf sich fast jeder der Zurückgebliebenen unter die Sieger im wirtschaftlichen Kampfe zählen. Nur mit einer Gruppe sind die meisten unzufrieden: Es ist die der deutschen Diplomaten.

Den jetzigen Weltbrand, die flammende Glut des Hasses gegen uns nicht verhindert zu haben, wird, wenn nicht mit Schweigen, dann fast verächtlich oder mit grimmigen Witzen unsern Diplomaten allein zugeschrieben.

Jedes von den Massen in erregten Zeiten abgegebene Urteil ist mit größter Wahrscheinlichkeit falsch. Die Behauptung: „vox populi vox Dei“ bricht unter dem geschichtlichen Nachforschen kläglich zusammen. Erscheint dadurch schon das abfällige Urteil der Masse über unsre Diplomaten verdächtig und des Nachprüfens wert, so wird diese Art zu urteilen um so bedenklicher, wenn man beobachtet, wie wenige Menschen außerhalb ihres engsten Interessenkreises richtig und gerecht zu denken vermögen, wie sehr an der Oberfläche selbst solcher Menschen Mehrzahl haftet, die Anspruch hat, das denkendste, im Anwenden des Verstandes geschulteste Volk genannt zu werden.

Diese merkwürdige Lücke auszufüllen, sollen die nun folgenden Gedanken dienen; nicht aber mit dem Zweck, die Arbeit unsrer Diplomaten zu verteidigen, sondern deshalb, weil es auch den Kaufleuten und Technikern nicht gleichgültig sein sollte, ob ihr Denken darüber sich leichtfertig mit dem Urteil der Menge begnügen darf. Diplomatie und Handel stehen nämlich in einem viel engeren Zusammenhang, als allgemein angenommen wird, und das Gedeihen des Handels hängt so sehr von den Erfolgen der Diplomatie ab, daß unser Urteil darüber mehr aus der Tiefe geschöpft werden muß.

Das Betrachten der Diplomatie in bezug auf den Handel erfordert meines Erachtens durchaus nicht ein Heranziehen der staatlichen Akten oder gar das Verfolgen einzelner Handlungen bis zum Ende, sondern den Blick aufs Außenliegende, jedem Laien sofort Auffallende. Ferner ist der Begriff Diplomat und sein Zweck festzulegen, bevor der Gedankengang betreten werden kann.

Die Technik hat mit dem Erfinden des Telegraphen und all der raschen Verkehrsmittel die Arbeit des Diplomaten und seinen persönlichen Einfluß auf das Schicksal der Staaten ganz erheblich geändert. Ehemals konnten die Gesandten Entschlüsse ihrer Regierungen erst nach vielen Tagen, ja oft erst nach Monaten erhalten; die Ereignisse konnten darum den Austausch der Gedanken oft weit überholen und ihn völlig wertlos machen. Der Diplomat im Auslande, der Gesandte, mußte infolgedessen selbständig handeln, an seinem Können, also an seiner Person allein, hing oft genug das Wohl und Wehe ganzer Völker. Heute vermittelt der Draht in wenigen Stunden die Lage und den daraus entspringenden Willen der Regierungen. Hauptaufgabe des auswärtigen Diplomaten ist es also nur mehr, die politische Lage und Absicht des von ihm zu beobachtenden Landes möglichst zutreffend seiner Regierung zu übermitteln. Ihr Wille wird dann von einer großen Gruppe daheimgebliebener Beamter gebildet, denen bei uns der Reichskanzler vorsteht. Da dieser und sein Stab wiederum vom Kaiser, dem Bundesrat und Reichstag nach Richtung und Ziel beeinflußt werden, ist die Sicherheit, den Willen mehrerer Menschen, ja des ganzen Volkes zu ermöglichen, in einem ungleich vollkommeneren Maße erreicht als ehedem. — Der Zweck der Diplomatie ist nach wie vor das Wohl des Staates. Dieses verfolgte man und mit Recht früher im Bilden, Abrunden und Befestigen seiner Grenzen, was durch Verhandeln, Heiraten und Kriege herbeigeführt werden konnte. Immer schon waren diese Mittel aber nichts anderes als der noch unbewußte Zweck, den Handel zu fördern. Ihn zu erhalten, zu verbessern und zu erweitern ist heute bewußtes Ziel der Diplomatie; sie und mit ihr der gesamte Stab der Staatsbeamten sind somit unmittelbares Werkzeug des Handels geworden. Damit ist die Arbeit der Beamten auf ein unbegrenztes, nur durch sorgfältigstes und mühsames Studium erreichbares Gebiet gelangt. Keine Berufsgruppe bedarf daher auch umfassenderer Kenntnisse als die der Beamten. Es ist somit ohne weiteres klar, daß die Diplomatie des Volkes, das sei es durch seine geographische Lage oder die Gattung seiner Waren oder die unbeliebte Art, sie zu vertreiben, den am schwersten zu erkämpfenden und dazu noch verhältnismäßig größten Handel treibt, im Verhältnis zu der anderer Staaten der schwierigsten Aufgabe gegenübersteht. Die eben erwähnten drei Punkte vereinigen sich leider in Deutschlands Handel so ungünstig, daß man ohne Zweifel sagen kann: weil von der deutschen Diplomatie verlangt wird, die so überaus schwere Arbeit zu leisten, mitzuhelfen unsern Handel anzubahnen, durchzuführen und zu erhalten, darum steht sie auch vor einer ungleich schwierigeren und gewaltigeren Aufgabe, als die ausländische Diplomatie. Bei Beurteilung unsrer Beamten darf diese Tatsache keinesfalls unberücksichtigt bleiben und ganz besonders nicht, wenn die Erfolge unsrer Diplomaten mit denen der andern Staaten verglichen werden.

Wie leicht hatten es einst die Beamten, als sich der Handel wesentlich nur im Inlande, meist unbewußt, wenn nicht verachtet von ihnen, abwickelte. Ebenso geschützt durch die Unfreiheit der Presse, wie durch ein kritisch ungeschultes Volk, das sich nur gegen die drückendste Not aufzulehnen wagte, sonst aber in größter Ehrfurcht vor den Beamten erstarb, waren sie trotz großen Unwissens und Faulheit die Herren. Noch Bismarck klagt, daß zu Diplomaten Leute nicht nach Kenntnissen, sondern danach gewählt wurden, ob sie französisch sprechen konnten; daß den Wissendsten oft die besseren Tänzer vorgezogen wurden und das Beherrschen der höfischen Sitten oder die Zuneigung der Damen ausschlaggebend war. Diese Mißstände hat der Handel fast weggefegt. Es gibt kein Gebiet in seinem unabsehbaren Reich, worin die kleine Gruppe der Beamten nicht bewandert sein müßte. Die Schweineausfuhr und die Kornzölle, der Eisenhandel und das Biererzeugen, das Bauen und Verwalten größter Kanäle und Eisenbahnen, muß mit den privat- und staatsrechtlichen, wie mit den sozialen Fragen beherrscht werden, und all ihr Tun und Handeln steht im grellsten Licht der Oeffentlichkeit, ausgesetzt den Angriffen der Volksvertreter und der Presse; rücksichtslos zerzaust und verzerrt von den Witzblättern, unterliegen sie dem Urteil der nur oberflächlich denkenden, aber danach handelnden Welt. Werden Vorteile errungen oder Fehler gemacht, der einzelne im Volk bewertet sie meist nur danach, ob er dabei verdient oder zahlen muß. Denn das Gemeinwohl, das der Beamte im schroffen Gegensatz zum Bürger allein wahrzunehmen hat, liegt diesem im Frieden beim Ausüben des bürgerlichen Berufes fern. Es tritt ihm erst nahe, wenn sein Geschäft davon berührt wird. Blüht es dabei, ist er begeistert, leidet es Schaden, nennt er die Beamten unfähige Menschen. Und da wir Deutschen eine reiche Phantasie mit heißem Streben verbinden, vorwärts zu kommen, ja Unzufriedenheit als eine geschäftliche Tugend ansehen, sind nicht wenige der Ansicht, ihr Gewinn könnte noch viel höher und müheloser zu erreichen sein, wenn eine fähigere Regierung das Steuer führte.

Wie leicht hat es gegen ein so mannigfaltiges Beurteilen heute der, der irgend etwas herstellt oder kauft und damit handelt. Die oft schwere Aufgabe auch dieser Leute darf sicher nicht unterschätzt werden. Aber schon die Tatsache, daß er nur das Wohl seiner Börse als Ziel hat, der Staatsbeamte jedoch das Gemeinwohl, bürdet diesem eine Last auf, deren Schwere der Handelsmann niemals zu fühlen bekommt. Meist einem Fach sein Leben widmend, ungestört von der nervenaufreibenden, öffentlichen Kritik, nur verantwortlich für sein Geld oder höchstens das anderer, ist der Kaufmann oft genug freier Herrscher in seinem Reich, und wenn er gute Zinsen zahlt, dann fragt ihn selten einer, ob er denn nicht das ihm anvertraute Pfund besser hätte verwalten können. Die Sorge vor einem historischen Makel kennt er nicht, Geldverdienst ist seine einzige, und wenn er sich darüber grämt, ob er auch zeitlebens verdienen kann oder gar die Beamten um ihr Ruhegehalt beneidet, ist er ein Schwacher, wert, daß er untergeht; denn einem Rührigen ist es in unserm deutschen Reiche stets möglich, vorwärts zu kommen; er wird gesucht und kann in so hohem Maße verdienen, wie es den bebürdetsten Beamten und den fähigsten Köpfen darunter nicht im Traume erscheint.

Der Gedanke, die Höhe des Einkommens aus der Arbeit sei ein Maßstab ihrer geistigen Größe, ist zwar, taucht er allein auf, allgemein verworfen; wird er aber mit andern verbunden oder zieht man ihn gar zum Vergleich heran, wenn es gilt, die Arbeit unsrer leitenden Beamten der unsrer reichen Händler, Industriellen und Direktoren gegenüberzustellen, bekommt der an sich unrichtige Gedanke wieder eine solche Kraft, daß die oberflächliche Menge und besonders der Vielverdienende in Selbstgefälligkeit gern glaubt, dem höchsten Einkommen entspräche auch die schwierigste Arbeit. Es ist darum nicht zu verwundern, wenn sich auf so unrichtiger Grundlage auch bei den Kaufleuten die Ansicht bildet, es genüge allein ein höheres Einkommen, um jeder Kritik der Arbeit unsrer führenden Beamten Wert und Recht zu verleihen.

Unsre Beamten werden, wie es in keinem andern Beruf verlangt wird, mit den erlesensten Früchten unsrer geistigen Errungenschaften für ihre Arbeit erzogen; sie haben durchweg eine gute, häusliche Erziehung genossen, stellen diese Vorteile noch dazu recht billig in die Dienste des Gemeinwohls, weil sie sich zum Teil mit dem idealen Gut der Ehre und der bescheidenen Aussicht auf ein Ruhegehalt begnügen.

Alle die, die im Handel, sei es mittel- oder unmittelbar, ihren Erwerb zu suchen haben, bedürfen dieser Werte nicht in dem Maße. Wir wissen sogar, daß der dabei einzige Zweck, Geld zu verdienen, mit Rücksichtslosigkeit oft rascher erreicht wird, als mit den eben geschilderten Mitteln, ja, daß Bildung und gute Erziehung noch hindernd diesem Zwecke im Wege stehen können, und daß der sich am glücklichsten fühlt, der sie dabei nicht zu unterdrücken braucht. Im Handel reich zu werden, hängt, da wird jeder Beispiele nennen können, weit mehr mit Glück und raschem Zugreifen zusammen, als mit einer besonders gepflegten Geistes- oder gar Herzensbildung.

Hierin bringt jedoch allmählich die Zeit, gewaltig beschleunigt aber jeder Krieg, ein bemerkenswertes Verändern, insofern, als auch im Handel immer mehr die Arbeit der Gehirne einzugreifen hat. Stets und fast ohne Ausnahme nämlich schwinden in jedem Handelszweig die Gewinne am einzelnen Geschäft, sei es durch Wettbewerbe oder geringere Ausbeute aus natürlichen Ursachen, sei es durch Herstellen von Ersatz mit billigeren Mitteln, Verfallen von Monopolen und Patenten, oder Steigen der Löhne und Steuern. Gegen diese gewinnverzehrenden Ursachen, die sehr oft alle zusammen wirken, gibt es nur ein Mittel, das Erzeugen größerer Mengen, was meist Hand in Hand mit billigerem Herstellen vor sich geht. Nur in dieser Form spielt sich das nie ruhende, sich stets neu erzeugende Leben des Handels ab. Je rascher nun aber die Gewinne an den einzelnen Geschäften sinken, je dringender es also nötig ist, die verringerten Gewinne durch Herstellen immer größerer Massen wieder zu heben, das Verhältnis vom Aufwand zur Ausbeute also mindestens auf der ehemaligen Höhe zu halten, desto mehr bedürfen auch der Kaufmann und sein Gefolge ohne jeden Zweifel jener Mittel, die wir als die besten und sichersten bereits beim Beamten erkannten, nämlich Wissenschaft und allgemeiner Bildung. Wir sehen also, wie Diplomatie und Handel ein gemeinsames Ziel bereits anstreben, wie sie endlich vereinigt, ineinander aufgehen, und erkennen nun auch, wie die Mittel, die beide dazu gebrauchen, allmählich gleich werden. Nur über den Wert e i n e s Mittels geht die Ansicht der Welt der Diplomaten und der des Handels gänzlich auseinander. Das ist die Lüge mit ihren Abarten, der List und Heuchelei, dem Verschweigen und Schmeicheln.

Vor nicht langer Zeit starb ein ganz Gewaltiger im Reiche kaufmännischer und technischer Geschäfte. Seine Bahre umstand der Generalstab unsers Handels und seiner Industrien, und einer aus ihnen, der des großen Toten einstiges Denken und Arbeiten persönlich und geschäftlich aus nächster Nähe beurteilen konnte, stellte die kühne Frage: „Wer, Freunde, unter Ihnen, hat je aus seinem Munde ein doppelsinniges, ein vieldeutiges Wort gehört?" Der Sprecher selbst erkannte den Mut zu dieser Frage. Denn das Volk ist noch gänzlich in dem Glauben verstrickt, beim Handel sowohl wie in der Diplomatie sei die Lüge ein unentbehrliches Werkzeug. Während aber jeder Einzelne aus dem Volk dieses Mittel entrüstet immer nur bei dem andern feststellt und empört ist, wenn man es auch bei ihm finden will, sieht man es beim Diplomaten nicht ungern, ja, schätzt diesen Beruf danach mit ein, mit welchem Geschick es gebraucht wird. „Der kann sich diplomatisch ausdrücken", heißt zwar: der kann sich geschickt ausdrücken, sehr oft aber auch: der ist nicht ganz offen, wenn nicht: der lügt; es bestrahlt ihn aber immer mit einem Schein von Achtung und Geist. Wenn auch einer sonst nichts von der Diplomatie und ihrem Altmeister, Talleyrand, weiß, den ihm zugeschriebenen Leitspruch: „dem Menschen sei die Sprache gegeben, um die Gedanken zu verbergen" bewundert jeder, sieht diesen höchst oberflächlich wie so viele ähnlicher Sprüche als geistreich an und merkt gar nicht, wie sehr damit die Lüge verherrlicht wird.

Es ist darüber wohl kein Zweifel, je höher einer gebildet, je besser einer erzogen ist, desto schwerer wird es ihm, die Lüge und List zu gebrauchen, desto leichter aber auch, die Wahrheit in unverblümter und doch einwandfreier Form kundzugeben. Geistesbildung und Erziehung, die wir vorhin als die letzten und feinsten Mittel zum Betreiben der Diplomatie und des Handels erkannt haben, wirken demnach hemmend auf jenes, was wir moralisch wohl verwerfen, in Diplomatie und Handel aber angeblich nicht entbehren können. Wäre es dann nicht besser, so müßte man sich fragen, das Bilden von Geist und Seele zu dämmen, frei und offen dagegen, wie die alten Griechen in grausamer Erkenntnis Merkur als den Gott des Handels, gleichzeitig aber auch als den der Diebe zu verehren? Betrachten wir den Handel als Zweck der Diplomatie, dann müssen wir die Lüge als angeblich unentbehrliches Mittel beider vom rein praktischen Wert aus ansehen und die Frage aufwerfen: Verschafft die Lüge Vorteile? und wenn ja, die Hoffnung aufgeben, sie, obwohl moralisch verwerflich, verschwände jemals aus ihnen.

Ich bin fest überzeugt, die Lüge hat Vorteile verschafft und wird es weiter tun, so lange Menschen reden und glauben. Sobald wir aber die Wege, die zu dem gemeinsamen Zweck von Diplomatie und Handel führen, genauer ansehen, finden wir, daß der der Diplomatie bewußt und unmittelbar dem Gemeinwohl zuführt, dieses dagegen beim Handel vielfach noch unbewußt und immer erst auf Umwegen über die Selbstsucht oder den Eigennutz erreicht wird. Es erweitert sich darum die Frage über die Vorteile der Lüge in die: wo ist es vorteilhafter, zu lügen, wo, die Wahrheit zu sagen? Der eine Teil dieser Frage wäre unwahr beantwortet, wollte man bestreiten, daß sehr viele handel- und diplomatietreibende Menschen durch Lügen zu Geld, Macht und Ehre gelangt sind. Doch will es keiner zugeben, nicht allein wegen der Schande, sondern weil die Gewohnheit der Lüge so stark, jeder auf sein bißchen Wissen so eingebildet ist, daß mancher sich selbst glauben macht, seine Erfolge verdanke er nur seinem Fleiß und seinen gewaltigen Kenntnissen.

Obgleich also in einzelnen Fällen die Lüge in dem Begriff diplomatisch oder smart Bewunderer findet, ist die Furcht, als Lügner ertappt zu werden, dennoch größer und zeigt sich nun als eine eigenartige Kraft. Je leichter es möglich ist, als Lügner entlarvt zu werden, desto schwieriger wird es offenbar, Geschäfte einem möglichst ausgenützten Ende zuzuführen. Es taucht darum die Frage auf, ob zu einem solchen Ende die Wahrheit bequemer oder vorteilhafter führt als die Lüge. Diese Frage verbunden mit der Furcht vor der Lüge wirkt nun als wirtschaftliche Kraft im Menschen so, daß sie ihn, meist völlig unbewußt warum, der Wahrheit immer mehr in die Arme treibt. Während also der Mensch sich einbildet, aus moralischen Gründen die Wahrheit zu sagen, sagt er sie zu seinem wirtschaftlichen Vorteil, sobald das Gefühl erkannt hat, daß Wahrheit billiger als die Lüge zu stehen kommt. Untersuchen wir, wie sich diese Kraft im Leben abspielt und nehmen wir zu dem Zwecke zunächst eine Ware an, die ihren Absatz ihrem guten Ruf, also dem Namen des Erzeugers oder Verkäufers verdankt, dann finden wir, daß diese beiden die Güte, also die Zuverlässigkeit ihrer Ware, zu erhalten mehr bestrebt sein werden, als jene Geschäftsleute, die solche Waren vertreiben, die mit dem Namen ihrer Erzeuger und Vertreiber nichts zu tun haben, oder in der Kauflust der Massen verschwinden. Das Zuverlässige, die Wahrheit, gewinnt die Oberhand da, wo wirtschaftliche Vorteile winken, Unzuverlässigkeit sie dagegen schmälern könnten. Diese der Wahrheit zustrebende Kraft zeigt sich aber noch viel deutlicher, sobald wir ein großes Unternehmen aus dem Handel und seiner Industrien einem solchen gegenüberstellen, worin nur einer, unbekannt den Käufern, alles allein leitet und leistet oder nur wenige eine Sache vertreten. Da ist klar: Das große Unternehmen kann schon deshalb nicht so leicht von der Wahrheit abweichen, weil Mitarbeiter, also Mitwisser da sind; dem kleinen dagegen kann selten einer Lügen beim Entstehen nachweisen. Aber auch der Vorteil der Lüge ist beim großen nicht so groß wie beim kleinen. Jenem wird besser nachgeprüft; das, was er versprach, wie er rechnet, wie und was er verkauft, kann umso weniger durch Lügen erreicht werden, je größer seine Geschäfte sind. Die Lüge, bei ihm dauernd angewandt, würde, um erhalten zu werden, dann einen so großen Aufwand an Arbeit kosten, daß ihm der Gewinn aus der Lüge verloren ginge. Ganz instinktiv sieht also der Mensch ein, je größer, je mannigfaltiger seine Ziele sind, um so nutzbringender, um so einfacher wird seine Arbeit durch Wahrheit. Sie ist es, die ihn, hat er die Grundlage zu einem Ziele verloren oder vergessen, diese, wie in der Wissenschaft, immer wieder finden läßt. Die Lüge dagegen führte ihn ins Chaos. Je mehr Menschen nun im Handel einem gemeinsamen Ziele zustreben, desto mehr ändert sich der Selbstzweck; er geht mit der größer werdenden Zahl der daran arbeitenden Menschen immer mehr unter und nähert sich immer mehr dem Gemeinwohl. Wir sehen also beispielsweise im Trust und in den verschiedenen wirtschaftlichen Verbänden, in großen Aktienunternehmungen, dem Staat in bezug auf ihre Größe und Ziele immer mehr ähnlich werdende Gebilde, und bemerken darum auch da bei ihrem Herstellen, Einkaufen und Anpreisen der Waren, bei ihren Bedingungen und bei allen ihren öffentlichen und inneren Angelegenheiten, wie sie immer weniger schwankend der Wahrheit zustreben und auf die Lüge, unbekümmert um ihren moralischen Unwert, als ein zu kostspieliges Mittel verzichten und ihm die billigere Wahrheit vorziehen. Alle ethischen oder moralischen Einwände und Versuche gegen die Lüge sind stumpf im Vergleich zu dieser Kraft. Sie allein besiegt die Lüge. Man mündet also auch auf dem rein materiellen Weg in die bereits ethisch anerkannte Ansicht: je stärker einer ist, desto mehr wird er die Wahrheit als das nützlichste, als das bequemste und billigste Mittel gebrauchen, desto weniger bedarf er der Lüge. Da nun der Staat das größte Unternehmen darstellt, kann auch er nur dann vorteilhaft arbeiten, wenn er diesen Gedanken wirkend in sich aufgenommen hat. Der Glaube der Völker, die Diplomatie beziehungsweise die Kunst, einen Staat zu lenken, erfordere größte

Meine Herren! Das widerspricht den Geboten des Völkerrechtes. Die französische Regierung hat zwar in Brüssel erklärt, die Neutralität Belgiens respektieren zu wollen, solange der Gegner sie respektiere. Wir wußten aber, daß Frankreich zum Einfall bereit stand. Frankreich konnte warten, wir aber nicht. Ein französischer Einfall in unsre Flanke am unteren Rhein hätte verhängnisvoll werden können. So waren wir gezwungen, uns über den berechtigten Protest der luxemburgischen und der belgischen Regierung hinwegzusetzen. Das Unrecht — ich spreche offen — das Unrecht, das wir damit tun, werden wir wieder gut zu machen suchen, sobald unser militärisches Ziel erreicht ist. Wer so bedroht ist wie wir und um sein Höchstes kämpft, der darf nur daran denken, wie er sich durchhaut!"
verkündete der Reichskanzler nichts anderes, als die reine, strahlende Wahrheit. Die Welt verstand dieses Ereignis nicht; sie sah in dem Geständnis nicht den befreienden Durchbruch einer ungeheuren Kraft und Schönheit. Geblendet von ihr fielen geifernd die Feinde, bestürzt die Neutralen darüber her, und ängstlich, als ob etwas zu Verbergendes, nie zu Verratendes in den Brennpunkt eines Strahlenbündels gerückt worden wäre, urteilen noch heute viele der Unsern. Sinn und Wert der Wahrheit fühlt das Volk noch nicht so wie diejenigen, die selbst an großen Zielen mitwirken und, von höheren Warten weit ausblickend, die öffentlichen Vorgänge und die Zukunft zu beurteilen vermögen. Durch einen langen Frieden gewöhnt, als oberste Regel: „Das Geschäft geht vor allem" zur Richtschnur nehmend, war nicht nur der Handel, sondern bereits das Denken und die Gewohnheiten fast des ganzen deutschen Volkes in diese Regel gelenkt. Nicht aber, wie es danach nur sein durfte, wurden vor das Nichtstun und das Vergnügen allein nur die Pflicht und der Fleiß gesetzt, sondern der Sinn dieser Regel wurde von vielen über die Grenzen des Rechtes weit hinaus in ein unbegrenztes Gebiet getragen, wo unbekümmert um das Recht der Menschen nur immer das eigene und davon wieder nur der persönliche pekuniäre Vorteil als oberstes Recht angesehen wurde. Dieses endlose Gebiet, in das unser Denken und Handeln somit gelenkt war, umgibt gewissermaßen ringförmig jenes scharf umgrenzte, worin das Recht aller Menschen mit dem harten Kern des kategorischen Imperativs wirkt. Zwischen beiden Gebieten liegt als Zone deutlich abgegrenzt voneinander das Gebiet der englischen Regel — wright or wrong my country — vor'm Recht mein Vaterland. Wohl denken und handeln demnach die Menschen in diesen beiden äußeren außerhalb des allgemeinen Menschenrechtes, aber mit dem wesentlichen Unterschied, daß in der Zone Unrecht zunächst Recht des allgemeinen Wohles wird, während in dem außen liegenden Gebiet das Unrecht nur mehr Recht des Eigennutzes, und die Selbstsucht des unbegrenzten Spielraums wegen so dehnbar ist, daß sich darin das Unrecht sogar zum Gegner des allgemeinen Wohles verwandelt. Das Bedrohen unsers Vaterlandes von allen Seiten, der darum unvermeidliche Krieg, hat zwar dem auch bei uns ein jähes Ende bereitet. Alle Anschauungen haben sich wieder auf den Kern des allgemeinen Rechtes zusammengezogen. In bei-

spielloser Opferfreudigkeit hat das deutsche Volk das gefährliche Gebiet, in das diese Geschäftsregel gelenkt war, darum nicht nur wieder verlassen, sondern teilweise ganz vergessen und stellt ebenso bereitwillig wie verständnisvoll alles in den Dienst für das Vaterland. Dennoch vermochte dieser so erfreuliche Umschwung nicht alle Schlacken unsers Denkens zu vernichten. Obwohl es früher die Zone der englischen Regel übersprungen hat, blieb es jetzt zum Teil darin hängen und schloß sich der sehr bequemen englischen Ansicht an; denn viele wollten nun auch alles das, was wir gemeinsam ihrer Ansicht nach tun sollten, als unantastbares Recht unsers Landes ansehen und ein Unrecht als Recht verteidigen. Dies war erklärlich und für die Denkart des Volkes umso leichter möglich, als man vor dem Sturm in eigenen Angelegenheiten über das Recht nicht viel anders dachte. Daß nämlich eine Tat, die nur den Anschein hat, unrecht zu sein oder gar es ist, zugegeben wird, erlebte man im Frieden im geschäftlichen Leben selten bei uns. Die, die es taten, hielt man entweder für ganz schlau, oder für unfähig, ja dumm. Nun, wo ein gesteigerter Gemeinsinn die Selbstsucht verminderte, ist es erklärlich, daß in der damit gesteigerten Leidenschaft des Reichskanzlers Zugeständnisse als unnötig, ja für schädlich gehalten wurden.

Obwohl jeder Deutsche, und heute sogar die Feinde, einsehen, daß es für Deutschland harte Notwendigkeit war, in Belgien einzumarschieren, meint das Volk, die feindlichen und neutralen Staaten seien deshalb unnötig gegen uns aufgebracht worden, weil wir der Welt gestanden haben, wir verwechselten hier Notwendigkeit nicht mit Recht. Ein Bismarck, so hörte man öfter, hätte gewagt, auch ohne Beweise den Vorgang als Recht hinzustellen und die Beweise nachträglich schon herbeigeschafft. Unwahrheit soll also genützt, Wahrheit geschadet haben. Zugegeben, daß dies manchmal zutrifft, dann ist es aber doch immer des Nachdenkens wert, wo es für einzelne Vorkommnisse behauptet wird, und so auch in diesem Gedankengang, der dartun soll, daß ein Staat heute besser mit der Wahrheit, als mit der Lüge fährt und daß des Volkes Meinung, die Lenker des Staates bedürften der Lüge, veraltet ist. Dazu ist nun gerade des Kanzlers Eingeständnis ein schlagender Beweis. Sicherlich haben die feindlichen wie die neutralen Völker aus dem eigenen Geständnis weitere Nahrung für ihren Haß gezogen. Aber was immer wir auch tun konnten, auf uns ist eine solche Flut von Haß geströmt, daß uns die Zahl der Ursachen dazu völlig gleichgültig sein kann — nicht aber, ob die Ursachen berechtigten Grund zum Hasse boten. Das einzige, wo wir sicher waren, nicht in die allgemeine Geistesstörung gerissen zu werden, waren die Höhen der Wahrheit. Von ihnen aus konnten wir auf die schmutzige Flut, wenn auch nicht ohne Ekel, hinabsehen. Nur so gewannen wir die Sicherheit unsers Rechts und daraus die Kraft, dem Ansturm zu trotzen und es beruhigt der Zukunft zu überlassen, wie die Geschichte über uns urteilen wird. Wie wäre es aber gewesen, wenn wir den Fall als unser Recht behauptet und erst darauf die Notwendigkeit begründet hätten? Wie aber erst gar, wenn der deutsche Reichskanzler, unbekümmert, ob Beweise zu finden sein werden, kühn erklärt haben würde, wir hätten welche und es wäre nicht gelungen, sie aufzufinden? Die ganze Welt, unser eigener Reichstag, wie unsre Freunde, hätten sie gefordert und nie wäre das Geschrei darum verstummt. Ein unauslöschlicher Makel, ein berechtigter Vorwurf, wäre auf Deutschlands oberste Leitung und damit auf die Vertragstreue der Deutschen gefallen und hätte sie auf Jahrhunderte hinaus belastet. Kann ein Staatsmann so leichtsinnig das Wohl eines Landes auf das Spiel setzen, so die Zukunft eines Volkes erschweren, nur um im Augenblick unwesentliche Vorteile zu haben? Glaubt man wirklich, ein Bismarck wäre so gewissenlos und töricht gewesen? Niemals hätten es seine Ehre und sein Moralbegriff, niemals seine Sicherheit und Kraft zugelassen, in einem Augenblick höchster Bedeutung vor der ganzen Welt das Recht zu verdrehen. Als die Tat sich eben vollzog, hat sie der Kanzler verkündet, ehe die Welt sie entstellt von anderer Seite erfuhr, hat offen zugegeben, daß es sich ums Dasein handele, Not darum kein Gebot kenne, und bewiesen, wie Unrecht zu Recht werden kann. Das allein gebot die Ehre wie die Klugheit. — Den Feinden dämmert bereits die Größe dieses Handelns. Keiner fordert mehr Beweise unsers Rechts. Uns aber gaben die offenen Worte ein unerschütterliches Vertrauen zu der Kraft und Wahrheit unsrer Regierung, ein Vertrauen, das sich nicht nur bei uns erhalten, sondern auch später die zuverlässigste Stütze der Geschichte werden wird.

Es ist ein merkwürdiger Zwiespalt, der in Gesprächen über die Diplomatie immer wieder beobachtet werden kann: man kann nicht genug Worte des Abscheus finden, wenn uns unsre Zeitungen von den Lügen der fremden Diplomaten unterrichten — die unsern aber sollen ein Recht dazu haben. Wie fallen wir über die fremden her, wenn sie die Wahrheit verschweigen? — Bei uns aber soll es gut sein, wenn sie es täten. Aus dem Widerspruch kommt man nur heraus, wenn man den kleinlichen Gedanken ablegt, nur eine im Lügen gewandte Staatskunst sei heute noch fähig, einen Staat sicher zu leiten. Immer wieder wird behauptet, auch unsre Diplomaten hätten die Presse, die Minister und wer weiß sonst noch wen bestechen sollen. Muß denn jeder, der anderer Meinung ist als wir, bestochen sein oder sich bestechen lassen? Kann man sich denn gar nicht vorstellen, daß ein Mann, wie etwa Venizelos ehrlich des Glaubens sein kann, für sein Vaterland sei der Anschluß an den Vierverband besser als an die Mittemächte? Liegt denn das, wo uns alle Welt bedroht, außerhalb jeder Annahme, und muß deshalb so einer ehrlos sein, wenn er für sein Vaterland alles daransetzt, das ihm besser Erscheinende zu erreichen? Muß einer ehrlos sein, weil er das Wunder nicht sieht, das selbst solche nicht fühlen, denen schon der Thron schwankt? Es ist erwiesen, welche unsauberen Mittel den Haß der Welt zum Brande schlugen und ihn immer noch erhalten, aber man darf nie vergessen, daß die Glut längst unter der Asche der Freundschaft glimmte. Die Summe Geldes, die wir nötig hätten, um das ins Gegenteil zu wenden, hätte die ganze Welt nicht, während es für die Außenmächte billig war, die Funken anzublasen. Wir dürfen nie vergessen, den andern sind wir unbequeme

Mitbewohner unsers Planeten, solange wir die Träger des Gedankens sind, die Arbeit zu vermehren. Wir können uns darum zwar der Zuversicht hingeben, daß nur dieser Gedanke siegt, niemals aber der, daß für seine Träger die Liebe zu erkaufen ist. Der einzige Weg ist uns darum in der Wahrheit gegeben. Der deutsche staatsmännische Geist, der mit erhabener Ruhe diese Bahn inmitten eines Orkans von Unwahrheit und Dummheit zieht, ist darum auch der einzig ruhende Pol für uns Handelsleute geblieben. Alle andern um uns sehen wir schwanken, wenn nicht verbohrt auf dem falschen Ziele beharren — würden auch unsre deutschen Staatsmänner die Lüge benützen — des Elends auf der Welt wäre kein Ende mehr. Gebraucht unser Staat die Unwahrheit, sperrt er sich nicht streng gegen sie ab, erst dann kommt die Möglichkeit, daß wir versagen.

Unsre Staatsmänner haben im Vergleich zu denen anderer Völker zweifellos die beste Bildung genossen. Mit wenigen Ausnahmen sind die der andern Länder Emporkömmlinge, die unbekümmert um das Wohl des ihnen anvertrauten Landes möglichst rasch reich werden wollen. In der Lüge und ihren Mitteln mögen sie darum gewandter sein als die unsern. Nun könnte man aber noch einwenden: zugegeben, die unsern sind die gebildetsten und pflichtgetreuesten, aber sie sind dem natürlichen Geschick, dem richtigen Gefühl der andern zur Diplomatie unterlegen. Das sei es, was sie um ihre Erfolge brächte, und darum wäre es den Deutschen nicht gelungen, den Weltbrand zu vermeiden.

Mehr wie in jeder andern Berufsart hat die Staatskunst das Eigentümliche, und für die, die sie ausüben, oft Tragische an sich, daß die treibenden Kräfte von der Zeit, in der sie entstehen, nur sehr schwer beurteilt werden können. Denn die Erfolge müssen ausnahmslos dauernd, oft erst in ferner Zukunft wirken. Die meisten Staatsmänner finden auch darum erst in der Geschichte gerechtes Lob oder verdienten Tadel. Nun aber, wo den Ursachen rasch Wirkungen im grellsten Lichte und in aufdringlichster Größe folgen, darf man die Gegenwart schon zum Urteilen heranziehen und ganz besonders deshalb, weil schon jetzt die Leistungen unsrer Staatsmänner mit denen der fremden verglichen werden können.

Der Schule und der Erziehung nach sind unsre Staatsmänner nachweislich die besseren. Ob diese Vorteile aber nicht durch ein feineres Gefühl, ein größeres Geschick der feindlichen und neutralen Diplomaten übertroffen werden, soll untersucht werden.

Wir müssen uns nicht vortäuschen, der Haß gegen uns wäre deshalb aufgelodert, weil wir brave, biedere Leute, die andern aber verlogene, dumme Kerle sind, zwischen die störend einige Diplomaten traten, sondern müssen klar sehen, daß jetzt zwischen zwei nie sich vertragenden Weltanschauungen dem Anscheine nach entscheidend für immer gekämpft wird. Hat die Gruppe Recht, die in nie rastender Arbeit sie und ihre Früchte allen Menschen aufnötigen will, oder werden die wenigen unter unsern zahlreichen Feinden die Oberhand behalten, die schon reich sind, aber bequem auf Kosten der übrigen, also der noch ahnungslosen, uns aber auch feindlichen Massen dauernd genießen und mit dem Erworbenen zufrieden sein wollen? Die Masse, die von der ersten Gruppe zur Arbeit angetrieben wird, erkennt die Wohltaten der Arbeit bei der in den Menschen wohnenden Trägheit nicht an, findet sie höchst unbequem, ja als Plage und die zufriedenen Reichen können keine Ruhe haben, so lange sie von der besseren Arbeitsweise der Fleißigeren gestört und zum ständigen Kampf um ihren Besitz gezwungen werden. Leben heißt kämpfen, sagen die einen — es genießen, die andern. Wenn nun die Letztgenannten hergehen und die, die das Leben als Kampf auffassen, erschlagen oder bändigen wollen, müssen sie die träge, ahnungslose Masse der Menschen begeistert als Helfer finden. Als zu diesem Zweck Eduard, der König des mächtigsten und reichsten Landes unsrer Feinde, werbend für diesen Gedanken herumzog, war es darum auch nicht schwer, Teilhaber für dieses Geschäft zu finden. „Den, wenn man ihn mal erwischt, zu erschlagen, der die Arbeit erfunden hat", findet ja sogar bei uns Arbeitenden stets freudigen Anklang. Volk und Diplomatie unsrer Feinde waren sich sowohl in ihren Wünschen, wie in dem Ziele einig, der Deutsche muß gebändigt werden. Die einen gingen mit aus Rache, die andern aus Angst, oder weil vielen die Gelegenheit so günstig schien. Vorteile glaubte jeder zu haben, ja sogar den Neutralen war es recht. Da nun alle Welt den Gedanken als richtig erkannte, war es für die feindlichen Diplomaten leicht, ihre Einkreisungspolitik zu treiben. Dieser Gedanke war falsch, weil er gegen das Naturgesetz gerichtet ist. Dies nicht erkannt zu haben, war der erste Fehler der auswärtigen Diplomaten. Gegen diese irreführenden Gedanken, gegen die ganze Welt hatte unsre Diplomatie stand- und durchzuhalten, bis wir so weit gerüstet waren, um den unvermeidlichen Krieg, das Durchsetzen der einen Weltanschauung gegen die andere mit dem letzten Mittel, der Waffengewalt, zu verhindern. Mehr, als den Weltkrieg hinauszuschieben, konnte man nicht verlangen. Wer erwartet, unsre Staatsmänner sollten unsrer Weltanschauung begeisterte Freunde werben, muß in einer fernen Zeit wiederkommen, wo nicht wie jetzt die Verständigen die wenigeren, sondern in der Mehrzahl sind. Alles daran zu setzen, die Welt nur mit Vernunft allein für unsre Ansicht zu gewinnen, wäre vergebene Arbeit gewesen; dazu hat und kann die Welt noch nicht die Einsicht haben, sie wird darum auf anderen, leider qualvolleren Wegen allmählich dazu geführt.

Nachdem der mächtige Ring um uns aus dem Ueberfluß an Stoff mühelos mit plumpen Händen errichtet und geschlossen war, bedurfte es jetzt feiner Köpfe, ihn wirken zu lassen. Da erschauerte die Welt am 28. Juni 1914 durch das Drama von Sarajevo. Der Thronfolger des mit den Deutschen eng befreundeten Volkes wurde meuchlings ermordet. Wir empfanden die Tat wie einen Faustschlag und sind des Glaubens geblieben, den Grund zu der ruchlosen Tat in den politischen von den andern nicht verhinderten Umtrieben Serbiens suchen zu müssen, was nun wie grelle Blitze jedem die Gefahr beleuchtete, von der wir umringt waren. Noch meinte man zwar, das grobe Unrecht könne niemals Verteidiger finden, noch rechnete man damit, daß Monarchen unmöglich ihre Soldaten zum Schutze von Monarchenmördern ausziehen lassen könnten, als dennoch das furchtbarste Ereignis folgte. Sicher war Sarajevo nicht der einzige, ja vielleicht der geringste Grund dazu — das angehäufte Pulver konnte jeder andere zur Explosion bringen — das österreichisch-ungarische Volk und mit ihm das deutsche forderte aber Gerechtigkeit und Sühne. Das Recht und das Einende dieses Gedankens nicht erkannt zu haben, war die zweite, die unverzeihlichste Torheit der feindlichen Diplomaten — auf ihn sich zu stützen die wahre Klugheit der unsern. Welch vergebliche, unsägliche Mühe hat es unsern Staatsmännern gekostet, uns die drohende Erdrosselung ins Bewußtsein zu hämmern, was alles schrie das Volk nicht gegen den Wehrbeitrag, und wie beschämend stumpf war es gegen die Vorgänge in Zabern? Erst Sarajevo heilte es, riß den Schleier selbst dem Blödesten von den Augen und machte aus jedem einen begeisterten Kämpfer. Indessen sahen und fühlten die fremden Diplomaten immer noch nichts. Im sicheren Gefühl ihrer Uebermacht immer noch in der unglaublichen Annahme, Deutschland und Oesterreich ließen sich gegenseitig im Stich, ja, Deutschland selbst zersplittere im Kriegsfalle, glaubten sie jetzt den ersehnten Augenblick gekommen, den Ring zuzuziehen — und so plump wie er geschlungen, so plump sollte nun das Werk gekrönt werden. Wären feinere Köpfe, bessere Menschenkenner unsern Feinden zur Verfügung gestanden, niemals und um keinen Preis hätte Sarajevo der Ausgangspunkt des Weltkrieges werden können. Der so leicht errichtete Plan wäre vielleicht geglückt, wenn irgend andere, nicht aber ganze Völker in die Seele treffende Bluttaten als Gründe vorgeschwebt hätten. Die äußere Ursache des 70er Krieges war der Einwand Frankreichs, einen Hohenzollern nie auf Spaniens Thron sehen zu wollen. Damals war das deutsche Volk noch leicht für solche Fragen zum Kriege zu begeistern. Hätten die feindlichen Diplomaten, deren Völker immer dafür zu haben waren, wenn es gegen Deutschland ging, einen ähnlichen Grund heraufbeschworen, und es zum Kriege gereizt, keinesfalls hätten wir dann diese wunderbare Einigkeit gehabt, es hätten sich kaum Millionen Freiwilliger gemeldet, die einmütige Begeisterung der Sozialdemokraten wäre nicht aufzubringen gewesen und die Tschechen hätten ganz andere Schwierigkeiten gemacht als die, wovon man hörte. „Unter keinen Umständen jetzt", hätten sich darum die Feinde sagen müssen, — „jetzt oder vielleicht nie wieder" — erkannten unsre leitenden Staatsmänner; denn nichts war geeigneter, im Frieden durch vermeintliche Interessengegensätze geteilte Völker zusammenzuschweißen, als der Faustschlag Sarajevos, der jedem einzelnen von uns, welcher Nation, welchen Glaubens und welcher Partei er auch angehörte, heiß im Gesichte brannte. Welch ein Unglück wäre später über uns hereingebrochen, wären die Feinde so klug gewesen, da nachzugeben; mehr wie vorher hätten wir uns von ihrer Friedensliebe täuschen lassen; immer mehr hätte uns unser Verstand betört, an einen Krieg zwischen zivilisierten Völkern nicht mehr zu glauben; immer mehr wäre der Zwiespalt darüber und über manches andere im Innern gegangen, bis die Feinde gerüstet, unsern Handel hätten erwürgen können. Waren, so darf man darum jetzt fragen, unsre Diplomaten wirklich so unfähig, hatten sie kein Gefühl und nicht Recht, als sie all ihr Bemühen um den Frieden, all ihr Sorgen, der ganzen Welt den blühenden Handel zu erhalten, zusammenbrechen sahen, den Krieg in dem Augenblick zuzulassen, als für uns der günstigste, für die Feinde aber der denkbar schlechteste eintrat? Im dunklen Gefühl sieht das auch unser Volk schon ein, es ist ihm nur noch nicht so ganz ins Bewußtsein gedrungen. Sogar den Feinden dämmert langsam das unsinnige Vorgehen ihrer Staatslenker. Entweder verschweigen sie geflissentlich die Mordtat oder sie sagen, wir selbst hätten sie angestiftet, auch mehren sich zusehends die Stimmen, die dem Scharfsinn unsrer Diplomatie das Unglaublichste zutrauen. Während also die feindlichen Völker unsre Diplomaten mit einer überirdischen Voraussicht ausstatten, wirft ihnen unser Volk aber jetzt vor, sie hätten nichts gemerkt. Erstaunt über den unerwarteten Widerstand Rußlands, glaubt das Volk, die unsern hätten geschlafen, während Rußland rüstete. Merkwürdig, wie rasch des Menschen Gedächtnis schwindet, wenn es sich um Unbilden des Lebens handelt. Als der Reichskanzler im Jahre 1913 eine Milliarde vom deutschen Volke forderte, war man über die Größe der Summe geradezu bestürzt. Die Last müßte unsern Handel erdrücken, das Opfer wäre unnötig, kein Mensch dächte mehr an einen Krieg, so das Geschrei, und des Gejammers war kein Ende, bis endlich klar wurde, daß nur die Reichen für die Milliarde aufzukommen hatten. Erinnert man sich nicht mehr, wie uns der Kanzler damals zeigte, was der Feind vorhabe und verstand man nicht das Ereignis, daß die sozialdemokratische Fraktion zweimal zu ganz geheimen Sitzungen geladen wurde, wo sie von der Gefahr überzeugt mit der Einsicht wegging, nichts von der Vorlage streichen zu dürfen und sie so zu verwenden, wie es der Generalstab für gut hielt? Glaubt man denn, eine solche Riesenvorlage macht man ohne Grund und ohne ausführliche Berichte zu haben, und glaubt man, die wären nicht da, nur weil sie nicht veröffentlicht werden? Gewiß, unsre führenden Beamten werden manches nicht gewußt haben, manches hätten sie vielleicht früher oder besser erfahren können. Weil aber keines Standes Arbeit das Maß der Vollkommenheit erreicht, muß man sie, ehe man sie verurteilt, mit dem vergleichen, was im gleichen Falle die andern leisteten.

Wie eingangs entwickelt wurde, ist heute die einzige Aufgabe eines auswärtigen Diplomaten die, die Seele und die Kraft des Volkes zu studieren, zu dem er gesandt ist. Wie schlecht haben da nun die feindlichen Diplomaten ihre Staaten unterrichtet! Wie ihre Völker, sind ihre Abgesandten, die Russen ausgenommen, meist Herren, die der deutschen Sprache nicht nur nicht mächtig sind, sondern sie sogar geflissentlich vermeiden. In der Seele des deutschen Volkes zu lesen, geht aber ohne Kenntnis seiner Sprache viel weniger als bei einem andern, weil unsre Kultur und damit unser Denken sich nicht dem Auge, wie bei den andern, angenehm aufdrängt, sondern nur mühsam mit dem Verstande und hoher Bildung zu erfassen ist. Wir können es zwar verstehen, warum sie immer noch nicht begreifen, wie wir, die wir arbeiten, unsre militärische Macht nur als Schutz unsrer Arbeit ansehen, wenngleich ihnen doch nun die Augen über die russische geöffnet sein sollten. Aber alles, was die westlichen Völker von uns glauben, zwingt uns zu der Annahme, ihre Diplomaten, ihre Gelehrten können keine wahre Bildung haben und ihre Kenntnis über uns müßten sie aus den verzerrten Bildern unsrer Witzblätter geschöpft haben; denn offenbar geht der erzieherische Zweck der herben Kritik, die der Deutsche über sich selbst teils im Ernst, teils im Humor, zu üben liebt, über ihren Horizont. Eitle, hochnäsige und schwachköpfige Menschen werden das Heilende einer solchen Selbsterkenntnis nie verstehen und ein Volk, das sie offen übt, immer falsch und als schwach beurteilen. Wir haben es erlebt, wie sehr sie sich in der Seele des deutschen Volkes getäuscht haben und haben es erlebt, wie sehr sie seine Kräfte unter- und die ihren überschätzten. Was haben die feindlichen Staatsmänner da nicht alles vorausgesagt?! Der Unsinn ist zu bekannt und häuft sich täglich mehr, als daß man ihn wiederholen müßte. Aber das, was die fremden und das, was die unsern bisher gesagt haben, trennt sich seinem Sinn nach scharf in zwei Gruppen: die eine sagt seit bald zwei Jahren nichts anders und immer nur: „wir werden"; die unsern: „wir haben". Glaubt heute wirklich jemand noch, irgend einer der fremden Staatsmänner würde nach den gemachten Erfahrungen nochmals den Krieg mit Deutschland anfangen, oder gar all den Unsinn, all die selben Voraussagungen wiederholen, und hat das, was die unsern sagten, nicht jetzt noch volle Gültigkeit? Wer sich die Frage richtig beantwortet, löst auch die, welcher Staat die tüchtigeren Staatsmänner hat.

Aber darauf allein kommt es bei einem Urteil über unsre Staatsmänner gar nicht an. Wenn wir sie gerecht beurteilen wollen, müssen wir immer wieder auf das zurückgreifen, was das deutsche Volk in seiner Mehrheit bewußt und unbewußt will; denn das ist es, was unsre Staatsmänner zu erreichen das Amt haben. Das aber ist ohne Zweifel, so nüchtern es klingt, den Handel bestmöglichst nach dem wirtschaftlichen Grundgesetz zu verbreiten. Nachdem Deutschlands Handelswerte nicht wie die der andern Länder, sei es durch eine wärmere Sonne, einen fruchtbareren Boden, oder das Vorhandensein von Gold- oder übermäßig reichen und mannigfaltigen Erzlagern, Geschenke der Natur, sondern in mühsamer Arbeit einem kargen Boden abzuringen sind, oder zu Handelswerten in Werkstätten erst gemacht werden müssen, ist Deutschlands höchster und fast einziger Reichtum seine harte Arbeit. Während nun die vorher geschilderten Geschenke durch die Gewalt der Waffen ihren Besitzer wechseln können, ist dieses bei der Art des Reichtums der Deutschen ausgeschlossen. Den durch die Notwendigkeit erworbenen Sinn für die Arbeit, wie die angeborene Arbeitsfreudigkeit, die dadurch verbreiteten Kenntnisse und den geschärften Verstand, kann uns keine Macht der Erde nehmen. Dem wirtschaftlichen Grundgesetz — mit geringstem Arbeitsaufwand das Höchstmögliche zu erreichen — unterliegt Deutschlands Reichtum aber weit mehr wie jeder andere; das vielfach noch raubbauartige Ausbeuten oder Vernachlässigen von Naturgeschenken der Ausländer können wir nicht mitmachen. Die Art unsers Reichtums — unsere Arbeit — erstrebt, um sich zu vermehren und zu erhalten, daß auch die andern Völker immer mehr arbeiten und sie muß als unerläßlich die Freiheit der Meere für alle und das gleiche Recht für alle fordern, die arbeiten wollen, gleichgültig, welchem Volk sie angehören. Diese beiden Forderungen sind das Wesen, das Lebenspendende unsers Reichtums. Dem gegenüber steht bewußt und seit Jahrhunderten der Einspruch der Engländer. Sie allein auf der Welt wollen die Herrschaft über die Meere, und so soll die Arbeit verteilt werden, wie es dem englischen Volk am vorteilhaftesten erscheint. Davon haben die andern Völker keine Ahnung. Nichts sagt ihnen die Geschichte, nichts ihr geringer Verstand; denn sie lassen sich vom Gemüte und vom Auge beherrschen. Ihnen kann Deutschlands Reichtum nur einen dornenreichen Weg voll Müh' und Arbeit zeigen, der zwar allen Menschen ein möglichst gleichmäßig verteiltes Höchstmaß von Glück als Ziel sichert, auf der andern Seite aber spiegelt England vor, alle Müh' und Arbeit zu ersparen, sobald ihnen geholfen wird, die Deutschen zu bändigen. Es fragt sich also, ob es im Willen der Natur liegt, auf dem einen oder auf dem andern Wege das größtmögliche Glück der Menschheit zu erreichen. Wir Menschen wissen alle, daß wir das Paradies verloren haben, wir Deutschen aber sind die einzigen, die von dieser Erkenntnis zur Tat schritten, indem wir den Weg zum möglichst besten Glück aller Menschen nur über Mühe und Arbeit wiederfinden wollen. Diese hohe Aufgabe ist es, die unsre Staatsmänner mit uns gegen den Unverstand der Welt erfüllen müssen. Daß wir wie sie dabei vor einer ungleich schwereren Aufgabe stehen, als alle andern Völker und ihre Staatsmänner, ist erklärlich, unvermeidlich aber auch, daß bei der Selbstsucht der Engländer und bei der Unfähigkeit und der in ihren Massen noch ruhenden Trägheit der andern, die vorwärtstreibende Kraft Widerstand in Form von Gewalt findet.

Weder die Staatslenker hüben noch drüben sind es, die sie ursprünglich hervorgerufen haben, sondern es war die mangelnde Einsicht der feindlichen und teilweise der neutralen Völker über den Willen der Natur, dessen Träger offenbar die Deutschen sind. Des Deutschen Diplomatie und sein Militarismus sind nur Mittel dieses Willens. In törichtem Wahn wollen die Engländer und ihre Freunde diese Mittel zerstören. Wohl träfen sie damit, wenn es ihnen gelänge, jene der vornehmsten Art, nicht aber die Legionen viel unangenehmerer Mittel, die die rastlosen Deutschen dann ungehemmt von einer kraftvollen und weisen Regierung anwenden würden und müßten. Könnte man aber die Deutschen in alle Welt zerstreuen, sie würden sie in einen noch viel rasenderen Wirbel an Müh und Arbeit als vorher bringen. Schlüge man sie tot, müßten die andern ein unerträgliches Maß an Mehrarbeit übernehmen. Stumpfsinnig bekämpfen also die feindlichen Staatslenker wohl die unvermeidliche Wirkung, nicht aber die Ursache. Sie schwächen die Kraft ihrer Länder bis zur Erschöpfung, kämpfen gegen den Willen der Natur, und darum einen vergeblichen Kampf, wie immer er auch politisch ausgehen mag. Diesen Willen zu erkennen, erfordert Gefühl und Verstand, den offensichtlich noch nicht die Feinde, wohl aber bewußt und unbewußt das deutsche Volk und seine Lenker haben. Sie müssen wir als die vordersten Kämpfer des in uns arbeitenden Willens der Natur betrachten und darum den kleinlichen Gedanken ablegen, sie hätten in unsrer unvernünftigen Zeit den Weltbrand verhindern können, oder ihn gar durch Unfähigkeit hervorgerufen.

Deutschlands Ausfuhr an die dritte, die Einfuhr an die zweite Stelle im Welthandel gebracht zu haben, ist die Frucht deutschen Geistes, der Erfolg des Fleißes unsrer Kaufleute und Techniker. Nur unter dem Schutze unsrer Wehrmacht konnte sich der Geist wie der Fleiß entfalten. Trotz des darum glühenden Hasses, trotz des Unverstandes unsrer stets in Waffen starrenden Nachbarn das Anwenden der immer drohenden Gewalt 43 Jahre lang verhindert zu haben, war ein Kunststück unsrer Diplomaten, bleibt eine Kulturtat ohne gleichen.

Unsre Vettern.

Die geographische Lage unsers Vaterlandes, die Gattung unsrer Erzeugnisse und die Art, wie wir ihrethalben unsern Handel in der Welt — leider — treiben müssen, verbunden mit unserm vorwärts strebenden Geist, nötigen uns dazu, bei den Feinden wie bei den Neutralen die Initiative im Welthandel nach dem Friedensschluß wiederum zu ergreifen.

Waren uns da schon vor dem Kriege die schwersten Aufgaben aufgebürdet, in Zukunft wird unser Arbeiten einen weiteren und neuen Widerstand vorfinden. Das ist der wütende Haß gegen uns, in den sich nun fast die ganze Welt verbohrt hat. Mögen unsre Diplomaten noch so günstige Handelsverträge erwirken, mögen die feindlichen wieder zur Vernunft kommen: gegen den nachwirkenden Haß müssen die deutschen Kaufleute und Techniker allein vorgehen; an die Stelle der mit Verstand geführten Gewalt tritt der Kampf der Geister — ein kaufmännischer Guerillakrieg — und im Verein mit vorteilhafteren Waren und Bedingungen müssen die härtesten Vorurteile eines krankhaft gesteigerten Widerwillens gebrochen und geheilt werden. Mit andern Worten: zu den physikalischen Kräften unsers Handels müssen sich tiefe psychologische Kenntnisse über die Kunden gesellen.

Es wird viel Takt und Klugheit dazu gehören, diesem neu entstandenen Widerstand Herr zu werden. Nichts wäre darum verkehrter, als uns durch eigenen, nachhaltenden Haß den Blick zu trüben; nichts wäre aber auch bedenklicher, als nur des Gewinns wegen alles zu vergessen, was vorgefallen ist. Mit völlig klarem Blick müssen wir darum den Wirklichkeiten entgegentreten.

Wir können es nun ermessen, wie weit sowohl bei unsern Feinden wie bei den Neutralen der Verstand der Menschen sich durch Haß in einem Meer von Irrtum verlieren kann. Wir werden es darum auch an ihnen erleben, wie hart ihr Gemüt die Notwendigkeiten fühlen wird, denen zu gehorchen wir Menschen unentrinnbar verfallen sind. Darum müssen nun auch wir unsern eigenen Haß prüfen, ob und wo er berechtigt ist, und ihn mit der Wurzel rücksichtslos ausroden, sobald wir erkennen, wo unser arg verwundetes Gemüt in der Gluthitze des Kampfes auch uns Gefühl und Verstand nicht unverletzt gelassen hat. Denn sie ganz allein sind die Werkzeuge, die wir in Zukunft gebrauchen müssen, um der Kraft und dem Recht unsrer Waffen das Ergebnis sicher zu stellen. Diese nicht minder nationale Aufgabe zu lösen, ist uns Kaufleuten und Technikern vorbehalten und nur durch sie erreichen und befestigen wir den Lohn für die ungeheuren Opfer.

Die Franzosen und Russen richtig zu erkennen, fällt dem Deutschen nicht schwer. Seine Erkenntnis für das Tatsächliche ist ihm durch die verwirrende Leidenschaft des Hasses nicht getrübt. Mit den auf die Schlachtbank geführten Massen der Russen fühlt er fast Mitleid; die schrecklichen Vorgänge in unsern Ostseeprovinzen sieht selbst der,

der sie mit erlebt hat, als etwas Elementares an; und das Erinnern an die sonst angenehmen Formen wie an die Kulturwerte der Franzosen schätzt des Deutschen Verstand und Gemüt so hoch ein, daß er die nie befriedigte Eitelkeit, die nie ruhende Rachsucht der Gallier leider viel zu nachsichtig beurteilt. Er trübt sein Gefühl eher zu ihren Gunsten, als daß ihn ein wenig Haß und Stolz auf den richtigen Standpunkt zu führen vermöchte. Anders ist es mit England. Zwar empfand der Deutsche vor dem Krieg nicht einmal Groll. Mit aufrichtigem Bewundern sah er neidlos dieses Landes Macht sich vergrößern und nur im friedlichen, wenn auch heißem Wettbewerb eiferte er ihm nach. Erst die mit dem Kriege sich offenbarenden für Englands Wohlstand so verhängnisvollen Geheimverträge erweckten im Verstand des deutschen Volkes den berechtigten Zorn gegen die Politik dieses Landes — und Haßgesänge und Vorfälle überraschendster Niedrigkeit schürten seinen Haß zu einer Gluthitze, in der das ganze englische Volk, sein Charakter und seine Eigenschaften zu einem Klumpen verschweißte, der besinnungslos verworfen wird. Nieder mit England! Gott strafe es! waren — bis eine vorsehende Regierung eingriff — die leidenschaftlichen Ausdrücke, in die fast jeder Deutsche erklärlicherweise mit einstimmte — aber darum auch zu einem ruhigen Ueberlegen kaum mehr fähig ist. Unser politisch sonst schwer zu bewegendes Temperament vereinigte sich auf diesen Brennpunkt so sehr, daß es die andern weniger fühlt und schon daraus können wir mit Sicherheit schließen, wie sehr unsre Ansicht ein Verbessern durch ruhiges Nachprüfen dringend bedarf.

Findet der Deutsche im Franzosen einen militärisch beachtenswerten Gegner niederzuringen, im Russen einen, der nicht weiß, was er tut, uns aber dringender denn je gebrauchen wird, so sieht er im Engländer nur mehr jenen einen, der aus selbstsüchtigen, materiellen Gründen hinterlistig die Völker in den Krieg hetzte und für den darum kein Maß der Verachtung groß genug erscheint.

Dennoch ist unser Verstand noch nicht so weit in die Irre geleitet, wie der der Feinde, die da heute glauben, sie könnten mit ihrem Handel ohne uns fertig werden. Wir wissen, daß dieses eine unmöglich zu haltende nur aus dem Haß geborene Forderung ist. Zwingend geht aber daraus hervor, daß auch wir mit ihnen wieder arbeiten müssen. Weil nun Englands Wert im Welthandel als Käufer wie als Verkäufer nicht verschwinden kann, Englands Haß auf uns aber voraussichtlich durch die seines Volkes zähe Eigenschaften am längsten währen und am schwierigsten zu überwinden sein wird, müssen wir uns zwingen, gerade diese Eigenschaften ohne Haß zu untersuchen und das Ergebnis unserm Handeln mit zu Grunde zu legen. Wie unser Generalstab den Feind nur damit überwindet, daß er die Schwächen und Stärken des Gegners nicht mit dem Gemüt, sondern nur mit dem richtigen Gefühl und Verstand erforscht, ebenso nüchtern, d. h. gemütlos muß später der deutsche Kaufmann vorgehen, wenn er hoffen will, Sieger im Handel zu werden.

Greifen wir aus unserm Bücherschrank die Urteile heraus, die erfahrene Männer über die Engländer seit langer Zeit und noch bis vor zwei Jahren niedergelegt haben, so fällt nicht nur deren Uebereinstimmen, sondern dieses auch deshalb auf, weil die Urteile ganz entgegen zur jetzt allgemein herrschenden Ansicht sind. Entweder waren die Urteile schon damals falsch, oder die Engländer haben sich plötzlich gründlich geändert. Jeder nun, der Englands steigende Macht geschichtlich verfolgte, der dort wohnte und geschäftlich mit ihnen zu verkehren hatte, wird seine Erfahrung nicht besser in Worte kleiden können, wie Kant es tat, als er behauptete: „Die englische Nation ist das schätzbarste Ganze von Menschen im Verhältnis gegen andre betrachtet; aber als Staat gegen andre Staaten das verderblichste, gewaltsamste, herrschsüchtigste und kriegerregendste unter allen."

Kant unterscheidet also zwischen den einzelnen persönlichen Eigenschaften und dem Ergebnis ihrer Summe, sobald man sie politisch in bezug auf andre Nationen bewertet. Wir haben also die merkwürdige Erscheinung vor uns, daß die Eigenschaften der einzelnen politisch summiert, einen völlig andern moralischen Wert erhalten können und finden beim Engländer die Behauptung, daß persönliche Vorzüge in ihrem Wirken als Nation gegen andere verderblich werden können. Da über diese letzte Tatsache kein Zweifel sein kann und man die Urteile aller Kritiker und Kenner englischer Menschen ihres Uebereinstimmens wegen anerkennen darf, muß das Nachdenken über den Widerspruch in Spannung versetzen, wieso es möglich ist, daß gute, ja vorbildliche Eigenschaften der Einzelnen so harte Worte, wie Kant sie fand, gleichzeitig berechtigt sein lassen.

Wir kommen zum Ziel, wenn wir seinen, den Grund findenden Geist weiter hören: „Der Engländer", so sagt er, „ist im Anfang einer jeden Bekanntschaft kaltsinnig und gegen einen Fremden gleichgültig, er hat wenig Neigung zu kleinen Gefälligkeiten; dagegen wird er, sobald er ein Freund ist, zu großen Dienstleistungen aufgelegt. Er bemüht sich wenig, im Umgang witzig zu sein, oder einen artigen Anstand zu zeigen, dagegen ist er verständig und gesetzt. Er ist ein schlechter Nachahmer, frägt nicht viel danach, was andre urteilen und folgt lediglich seinem eigenen Geschmack. Er ist standhaft, bisweilen bis zur Hartnäckigkeit, kühn und entschlossen, oft bis zur Vermessenheit und handelt nach Grundsätzen gemeiniglich bis zum Eigensinn. — Für seine Landesgenossen errichtet der Engländer große und allen andern Völkern unerhörte wohltätige Stiftungen — der Fremde aber, der durch Schicksale auf seinen Boden verschlagen und in große Not geraten ist, kann auf dem Misthaufen umkommen; weil er kein Engländer, das ist kein Mensch ist."

In diesen letzten Worten liegt bereits die Brücke, die zum Begreifen des großen Mißverständnisses und seiner entsetzlichen Folgen, aber auch zu dem führt, was wir augenblicklich hier untersuchen.

Dadurch, wie England den Welthandel in die Hand nehmen konnte, und mit ihm an Reichtum alle andern Völker weit übertraf, war es in der Lage, lange Zeit vor ihnen die Lebensgewohnheiten und Anschauungen zivilisierter Menschen auf jenen Standpunkt zu bringen, den die andern trotz aller Philosophie, Moral und gepredigter Verachtung des Goldes erst heiß erstreben. Nicht im Versorgen des Weltmarktes mit immer vorteilhafteren, stets wechselnden Bedürfnissen angepaßten Waren suchte England für seinen Handel die Welt zu erobern, sondern im gütlichen oder räuberischen Erwerb von Ländern, aus und zu denen es Waren nach seiner starren Art auf Grund seiner Gesetze zu bringen suchte. Hier stoßen wir schon auf den gewaltigen Unterschied zweier Möglichkeiten, am Welthandel teilzunehmen. Nämlich im Erwerb oder Erobern von Ländern mit nachfolgendem Handel und Bedingungen, kraft der Gewalt der Waffen oder im Erwerb von Käufern durch vorteilhaftere Waren und nur in ihnen ruhenden Bedingungen, wobei die Gewalt der Waffen nicht mehr erobernd und gesetzgebend vorausgeht, sondern nur mehr dem Schutze des Handels dient. Unschwer erkennen wir in den Gegensätzen die englische und die deutsche Art sich durchzusetzen.

Dem Ausbreiten der englischen Art stand nicht viel Widerstand entgegen. Die farbigen Völker betäubte England mit Schnaps und Bibeln; den Franzosen und Amerikanern, den Holländern, Türken, Spaniern, Portugiesen und Chinesen nahm es insgesamt etwa 19 Millionen Quadratkilometer mit rund 356 Millionen Einwohnern ab. Durch diese Erfolge lebte in ihm jenes Geringschätzen auf, das der Leichtsiegende immer erhalten wird, um so mehr als der ja stets glaubt, allein im Rechte zu sein. Kann er dies dann dauernd durchhalten, desto verschärfter wird sein Glaube an sein Recht, bis er sich schließlich gar nicht mehr vorstellen kann, überhaupt davon abweichen zu können. Seine Selbstsucht erreicht dann eine Größe, die ihm glauben macht, er sei tatsächlich derjenige, der in die Welt gesetzt ist, den Menschen das Heil zu bringen. Soweit gilt das aber für alle, die zu einer Nation vereint dann ohne viel Widerstand siegen und reich zu werden gewohnt sind. Bei dem Engländer, bei dem dieser Zustand aus seiner Geschichte heraus wie bei keiner andern Nation zu verfolgen ist, kommt nun noch dazu, daß die von ihm gebeugten Völker zufrieden sind, weil sie durch ihn, d. h. durch seinen immer sofort in Szene gesetzten Handel zu höherem Wohlstand gelangten, als unter der früheren Herrschaft. Da ist es kein Wunder, daß sich der Engländer weit über alle erhaben dünkt und dieses in dem Maße verstärkte, als er sah, wie seine äußere Formen von allen und sogar von jenen, die er bekämpft hatte, als die vornehmsten und erstrebenswertesten angesehen und nachgeahmt wurden. Durch nichts in seinem Stolz behindert, sieht darum auch der Engländer nicht nur jeden Angriff, sondern schon den Widerstand gegen sein vermeintliches Recht als eine unerhörte Tat an. Felsenfest davon überzeugt, nur recht zu tun, glaubt er den Gegner wie ein wild gewordenes Tier behandeln zu dürfen, gegen den es nur eine Regel gibt: gemütlos jedes Mittel zu gebrauchen, ihn so rasch wie möglich unschädlich zu machen und seinem Willen zu unterordnen. Alle Nationen verachtet daher der Engländer in dem Maße, als er sie zu bekämpfen für nötig hielt und sich über sie erhaben dünkt. Wenn er dies vor vielleicht 20 Jahren noch nicht den Deutschen zeigte, so war daran lediglich der Umstand schuld, weil Deutschland bis dahin ihm nirgends auf der Welt in den Weg trat, aber auch weil er lange die aus unsern Schulen und unserm Fleiß hervorwachsende Kraft nicht ahnte, die ihn aus seiner Bahn zu bringen droht. In seinem Reichtum, in der Fülle seiner Natur dachte er nicht daran, daß die Not es ist, die die siegende Kraft im Welthandel erweckt: danach zu streben, die höchste Wirkung mit geringstem Kraftaufwand zu erhalten.

Ja, wir sehen das Gegenteil, er verschwendet. Und dies ist am Engländer da besonders auffallend, wo es sich um seine geistigen Werkzeuge handelt, die er im Lauf der Zeit verkümmern ließ, und die zu schärfen er ob seines Reichtums verächtlich von sich wies. Einer, der sich geistig und körperlich so plagen muß wie der Deutsche, für den empfand er höchstens Mitleid; er kann darum nicht einsehen, daß das deutsche System sich selbst dann den Welthandel erobern würde, wenn es England gelänge, den ganzen Erdball politisch in seine Gewalt zu bringen. Dazu kommt noch, daß der Durchschnittsengländer weit davon entfernt ist, Deutschlands kaufmännische Kraft in seiner Größe auch nur zu ahnen. Bei seiner verblüffenden Unkenntnis aller nicht englischen Verhältnisse stellt er sich Deutschland vor wie etwa wir uns Serbien oder Montenegro. Zahlenmäßige Begriffe über die Handelsgrößen hat auch er nicht, weder von seiner eigenen, geschweige denn von der der andern. Seinem Stolz genügt zu wissen, daß sein Handel der Größe nach an erster Stelle steht. Nicht so den in England führenden Männern, die mit wachsender Sorge die ständig steigenden Ziffern des Welthandels der Deutschen verfolgten. Wohl begriffen sie, daß dagegen etwas getan werden müsse. Statt aber den einzig möglichen und darum natürlichen Weg zu wählen, das Volk zum Erzeugen und Vertreiben eigener, den deutschen überlegener Waren zu bringen, glaubten sie durch Verträge mit den uns Hassenden unsre geistigen Kräfte zu ersticken. In der völlig irrigen Meinung, diese Kräfte wurzelten allein nur in unsrer Regierung und unserm Militarismus, stürzten sie sich zunächst auf diesen, nicht ahnend, daß, wenn sie den Zweck erreichten, die geistigen Kräfte der Deutschen ihnen viel unbequemer werden müßten als früher.

Bei der staunenswerten Oberflächlichkeit, der Unkenntnis und dem sogar sichtbaren Mangel an Kritik, glaubt der Durchschnittsengländer es gut zu finden, wenn seine Regierung aller Welt englische Gesetze aufzwingen will und merkt nicht, daß das auf die Dauer nicht möglich ist. So ist es durchaus erklärlich, wie eine Gruppe sonst anständig Fühlender, die Härten des Lebens aber nicht kennender Menschen andern gegenüber politisch so auftreten kann, wie Kant es so treffend schilderte. Ihnen selbst ist es darum auch völlig unbegreiflich, daß ein Unrecht in ihrer auswärtigen Politik gesehen werden kann; ja sie müssen, eingeschworen auf die ihnen so bequem scheinende Art den Handel zu treiben, die andern verbohrt finden. Staunend bemitleiden sie die, die ihnen nicht freudig zustimmen, nicht englisch sind, und die es zu sein sich gar nicht sehnen. Das Unrecht von Englands Politik ist somit den Durchschnittsengländern kein bewußtes.

Daß dieses Unrecht aber den anders denkenden Völkern ins Bewußtsein tritt und bekämpft werden muß, ist klar; daß es aber dennoch so lange geduldet wurde, liegt an dem bisher viel zu wenig beachteten, gänzlich verschiedenen Mengen- und Zeitmaßen der Völker, womit die einzelnen verschieden von einander von der Erkenntnis zur Tat schreiten. Je weiter man sich in Europa und Asien von Westen nach Osten bewegt, desto tiefer und reicher wird die Erkenntnis der Menschen, desto schwerer und weniger können sie sich aber zur Tat aufraffen. Die beiden Pole finden wir in England und China. Das Denken, die Kritik nimmt auf diesem Wege zu und das daraus notwendige Handeln ab. Bereits in Oesterreich finden wir ein überwiegend scharfes Erkennen und Kritisieren über das Handeln; das verschärft sich in Rußland bis zum nutzlosen Grübeln und erreicht schon in Indien in bezug auf Erkenntnis die staunenswertesten Leistungen der Gehirne bei einem Nullpunkt der Tat. In Deutschlands Volk scheint die für das Heil der zur Mühe und Arbeit verdammten Menschen günstigste Mischung zu liegen, während in England Erkenntnis und Tat fast unmittelbar aufeinander folgen. Die Tat findet da den höchsten Ausdruck, aber sie entspringt immer nur einer Erkenntnis, die mit dem nötigen Wissen, großer Gründlichkeit und kritischem Abwägen sehr wenig zu tun hat. Der common sense allein reicht für die heutigen Anforderungen nicht mehr aus. So sehr nun die große Tatkraft der Engländer geeignet war, tatenlose Völker völlig zu unterwerfen und dauernd in dem Zustand mühelos zu halten, so sicher ist auch, daß große Taten auf richtiger Erkenntnis aufgebaut, den Sieg über jene erringen müssen, die zu rasch auf Grund mangelnder oder irriger Erkenntnis folgen. Vergleichen wir in bezug darauf das taktische und strategische Handeln der Engländer in diesem Krieg, angefangen von dem so plumpen Untergang des zuerst verlorenen englischen Kreuzers bis zum Aushungerungsplan mit den wohl überlegten großen Taten unsrer Wehrmacht, dann finden wir nicht nur die vorstehende Ansicht bestätigt, sondern auch ein überraschendes Uebereinstimmen dieser Regel, wenn wir sie auf die grundverschiedene Art des kaufmännischen Handels beider Völker anwenden. Wir gehen daher nicht fehl, wenn wir diese Ansicht unserm Forschen nach den Tatsachen mit zugrunde legen.

Die Begeisterung des Durchschnittsengländers für den Krieg, sein vermeintliches Recht, auf das pochend er den Weltbrand schürt, sehen wir nun vor allem in dem Krämergeist, der nach unsrer allgemeinen Ansicht jeden Einzelnen dieses Volkes beherrschen soll. Eines höheren Geldgewinnes wegen Menschen zu morden und zu verstümmeln, unschuldige Frauen und Kinder darum mit aushungern zu wollen, ist so niederträchtig, daß dafür kein weiteres Wort mehr nötig ist.

Betrachten wir aber einmal die Führer scharf getrennt vom Volk und erinnern uns daran, daß in keinem Volk der Wunsch nach Krieg vorhanden war. Unterscheiden wir dann die Mittel, die die Führer der verschiedenen Feinde samt ihrer Presse anwenden mußten, um die plötzliche Begeisterung für einen gemeinsamen Krieg gegen

Deutschlands Volk auflodern zu lassen, dann kommen wir auf ein höchst merkwürdiges Ergebnis.

Lediglich Frankreichs nie zu befriedigende Eitelkeit, seine stets latente Rachsucht, verbunden mit der immer geschürten Gier nach Elsaß-Lothringen, die jede Furcht raubende Aussicht auf die Beihilfe der Russen und Engländer, der Japaner, Serben und Montenegriner, das verhaßte Deutschland zu überfallen, erregten in jedem Franzosen jene Begeisterung, die ihm jede anständige Gesinnung raubte. Die dummen, russischen Bauern hetzte man gegen seine Lehrer und versprach ihnen deutsches Land. So unglaublich dieses an sich war, bei der bekannten Habgier und Undankbarkeit der Bauern ist das von den Führern gewählte Mittel klug gewesen. In Italien war es ähnlich wie in Frankreich, begeistert für den Krieg war das Volk aber erst dann, als man ihm weismachte, seine ehemaligen Verbündeten, unter deren Schutz es groß wurde, lägen bereits verblutend am Boden, und der Italiener müßte sich beeilen, seinen Teil aus einer Hinterlassenschaft zu retten.

Die Gründe, die also die Begeisterung der hier genannten Völker zum Krieg gegen den stets gehaßten Deutschen und Oesterreicher so leicht entflammten, waren Rache, Eitelkeit und falsche Ruhmsucht, Habgier und Feigheit, Eigenschaften also, die wir Menschen zu den unedlen, zu den verwerflichen rechnen. Die Führer dieser Völker wühlten aber ausschließlich darin, wohl erkennend, daß weder Wahrheit noch edle Beweggründe Anklang für ihre Absichten in unedlen Menschen hätten finden können.

Längst bevor der Krieg erklärt war, verwickelten die feindlichen Diplomaten hinter dem Rücken des englischen Volkes dieses in für sie höchst nachteilige Verträge; ihr Vorhandensein wurde, als das Parlament staunend danach fragte, amtlich abgeleugnet. Um nun dennoch die nötige Begeisterung des englischen Volkes für das geplante Unternehmen zu erhalten, benützten Englands Führer den notwendigen Einfall Deutschlands in Belgien als Vorwand und stellten ihn als einen Vertragsbruch in so geschickter Weise dar, daß jedes Engländers Herz und Sinn empört gegen die noch tags zuvor ob ihres Mutes bewunderten Deutschen waren. Bei dem Mangel an Kritik, bei dem blinden Glauben, den der Engländer den Worten gut gekleideter Menschen und gar ohne jedes Besinnen seiner Regierung schenkt, kam im englischen Volk der Gedanke an einen geschickten Betrug, der Sinn für die unerhörte Not Deutschlands überhaupt nicht auf. Da er ferner am raschesten von einer oberflächlichen Erkenntnis zur Tat schreitet und man ihm nichts andres in Bildern, Worten, Gesängen und Plakaten als Vertragsbruch und immer nur Vertragsbruch, Kinder- und Frauenschändung werbend in die Ohren schrie, tauchte bei ihm, dem Kaufmann, jeder andre Gedanke unter. Einer, dem man nur vorzulügen braucht, irgendwo sei ein Vertrag gebrochen worden, einer, der das in seiner Seele so sehr als Unrecht empfindet, daß er deshalb Leib und Geld opfert, der mag dumm sein — er kann aber im Grunde genommen nicht unanständig sein. Er gehorcht jenen Wallungen des Gemüts, die auch wir gewohnt sind, als die edlen zu bezeichnen. Er kennt die gemeinen Triebe nicht, deren Schmutz die Franzosen und Russen mit dem Geschrei vor aller Welt verdecken, sie seien angegriffen worden. Hätte die englische Regierung und ihre Presse in den leichtgläubigen Engländern nicht die edlen, sondern die unedlen Gemütserregungen zu bewegen versucht, Rache, Eitelkeit und Habgier, hätten den Durchschnittsengländer nie aufstacheln können und nie wäre er für den Krieg gegen Deutschland zu gewinnen gewesen, — ja, wir dürfen annehmen, der lange vorbereitete, hinterlistige Ueberfall der andern und seiner Regierung auf ein hart arbeitendes, darum friedliebendes und der Zahl nach weit unterlegenes Volk hätte ihn angeekelt.

Dieser scharfe Unterschied, der sich da in den Beweggründen zur Volksbegeisterung vor uns auftut, ist also nicht nur moralisch verschieden zu beachten, sondern auch dem Recht unsers Hasses so entgegengesetzt, daß es eines weiteren Nachgrübelns für unser späteres Verhältnis zu unsern Feinden wohl bedarf.

Seit Jahrhunderten schon wird in allen nicht englischen Zungen der Engländer als „Krämer" verschrieen. Man will damit sagen, er und seine Politik kennt nichts anders, als die Vorteile des Handels, dem er die sogenannten Ideale skrupellos unterordnet.

Dieses ist nur zu verständlich und richtig. Verständlich, weil einer, der wie der Engländer infolge seiner Lage, seiner Bevölkerungsdichte, seiner Bodenschätze und Erfindungen nur vom Handel allein leben kann. Dieser Zustand war längst schon so in dem Land, als noch die andern Völker in der Ueberzahl auf dem und vom eigenen Acker leben konnten und die Beamten, die Lehrer und das Militär den alleinigen Gegensatz dazu bildeten. Der eigentliche Händler spielte dabei eine kaum beachtete Rolle. — Mit zunehmender Dichte der Bevölkerung, mit ihrer jetzt überall so deutlich zu beobachtenden Landflucht überwiegt aber heute auch in allen andern Ländern des westlichen Europas der Kaufmann und der Techniker, drängt alle andern Berufe und Ansichten zu seinen Gunsten zurück und eine auswärtige Politik, die nicht in erster Linie dem guten Fortgang des Handels dient, können wir uns schon gar nicht mehr vorstellen. Wir wissen keinen andern Zweck mehr für sie und finden sie richtig.

Mit diesem Standpunkt eilte uns England nur zeitlich voraus, während ihm jetzt alle andern Länder mehr oder weniger geschickt und rasch folgen, denn dem Entwickeln der Menschen außerhalb eines Paradieses bleibt ja gar nichts anders übrig, als das Endziel in einer möglichst großen, auf alle verteilten Arbeit und ihrem Verhandeln zu sehen. Selbstverständlich verschwindet damit immer mehr die Herrschaft der ästhetisch schöneren Vorzüge der reicher und edler erscheinenden Kasten, die unproduktiv nicht die Härten der Arbeitenden anzuwenden und zu fühlen brauchen. Ganz von selbst entwickelt sich damit eine neue Grundlage unsrer ethischen Anschauung. Eigenschaften, die früher verworfen wurden, werden allmählich vorgezogen, jene, die wir als die feinsten bezeichneten, versagen. Greifen wir als Beispiel von den vielen da möglichen die Zudringlichkeit heraus. Der nach alter Sitte Empfindende zählt sie zu den schlechten Eigenschaften; der moderne Geschäftsmann dagegen geht unter, wenn er Leute anstellt, die sich nach unfreundlichem Empfang zurückziehen und sich zu fein fühlen, wieder zu kommen. Voll Stolz stellt sich vielmehr der Zudringliche in den Vordergrund, bewertet es als Vorzug, wird danach bezahlt und begehrt.

Die Ethik erlebt also ein Umwerten, je mehr die Menschen Handel treiben müssen, je schwieriger dies wird, und je mehr sie den materiellen Werten zustreben. Und da sie dieses seit Adam trotz aller Predigten tun müssen, wäre es ehrlicher und gescheiter, uns damit abzufinden und den noch brausenden und oft noch verheerenden Strom in ein geregeltes Bett zu leiten, wo er die günstigste Wirkung für die Menschen findet, als dies durch unhaltbare, nicht mehr zutreffende moralische Begriffe zu erschweren, denn: die Geburt der Moral aus dem Geiste des Handels erlebt die Menschheit ohne Zweifel.

Nachdem wir also sicherlich am Wege sind, auf dem wir alle, die Wissenschaftler und Künstler nicht ausgeschlossen, Händler werden, kann der Schimpf, der in dem Worte „Krämer" liegt, nicht die Mehrzahl der Menschen und ihren Hauptberuf treffen, sondern nur die Art, wie er ausgeführt wird.

„Krämer" aber ist nur jener, der kleinlich handelt, nichts anders kennt, als den engen Bereich seines Geschäftes und seines Vorteils, zusammenschachernd nichts will, als andern möglichst viel zu nehmen und möglichst wenig zu geben; wo er sich also in einen Gegensatz zum Ziele der Menschheit stellt.

Auf welche Art nun der Engländer sein Geschäft betreibt, ist allgemein bekannt: spät am Tag fängt er an, früh hört er auf. Seine Erzeugnisse stellt er nur so her, wie er es für gut findet; nach den Wünschen der Kunden richtet er sich nicht, lieber läßt er Aufträge fahren, als sich dem Begehren nach niedrigeren Preisen und abweichenden Zahlungsbedingungen anzubequemen. Sprachen zu lernen, das was andern oft als das Hauptersordernis des Handels erscheint, fällt ihm gar nicht ein; der Käufer, uns etwas Unerhörtes, muß die Sprache lernen, die der Verkäufer spricht. Trotzdem der Engländer nicht nervös ist, bezähmt er sich nicht verletzend zu werden, wird er wo schlecht empfangen. Feilschen, Schachern ist ihm zuwider, das Anpreisen seiner Waren mit viel Worten, das Verschönern, Verschleiern und Belügen der Kunden findet er nicht nötig. Kauft ihm einer nicht zu dem geforderten Preis ab, gibt er sich weiter keine Mühe, denn in seinem großen Reich findet er sicher ein Dutzend andere, die zu bequem sind, da Schwierigkeiten zu machen. Darauf, mehr zu erscheinen, um damit seinen Kredit zu heben, gibt er nichts. Titel versteht er nicht in Geld umzusetzen. Er ist Clerk, Agent, Traveller oder Manager und „I cannot afford that" ist eine von ihm stets geführte Redensart, sobald man ihn auffordert, mehr zu leisten, als seine Börse zuläßt. Die bekannte Anekdote: „my father is something in the city" ist bezeichnend, wie wenig selbst die englische Familie sich mit den Geschäften ihres Ernährers befaßt, denn außerhalb des Geschäftes spricht er nicht gern davon. Könnte er unsre da üblichen Gespräche belauschen, in denen brüstend der eine dem andern zuraunt, er habe

„wahnsinnig“, blödsinnig“ oder „rasend“ zu tun, so wüßte er gar nicht, was der will. Würde er die Anzeigen im Stellenmarkt unsrer technischen und kaufmännischen Zeitungen lesen können, wo Arbeit bei „rastloser“ Tätigkeit angeboten und verlangt wird, er würde den einen für einen Schwindler, den andern für einen Elenden halten, der keine freie Zeit zum Sport ließe. Der geht ihm über alles. Man meint, er arbeite nur, um sich den leisten zu können; ist einer one of the best criqueters, findet er mehr Bewunderer als der größte Geschäftsmann. In seinen Klubs wird er nicht deshalb Mitglied, um dort Beziehungen geschäftlich auszunützen; und besucht er Konzerte und Theater, geht er ins Kaffee, auf das Land oder auf die Jagd, tut er dies ausschließlich ihrer ursprünglichen Zwecke wegen und mit der ihm eigenen Zähigkeit, nicht aber um neue, seinen geschäftlichen Vorteilen dienende Beziehungen anzuknüpfen. Beim Essen, beim Sport oder aus der Ruhe läßt er sich geschäftlicher Dinge wegen nicht stören. Langeweile ist ihm Erholung. Den Fernsprecher liebt er nicht; im Hause hält er ihn für unnütz. Der Gedanke, ihm könnten dabei Geschäfte entgehen, tritt ihm nicht in den Sinn. Sieht den Ledigen ein Mädchen, der er gefällt, verlobt sie sich mit ihm; er fragt wohl nach ihrem Ruf, nicht aber, ob sie Geld oder doch wenigstens geschäftliche Beziehungen mitbringt. Seinen Glauben, seinen Namen oder gar seine Nationalität ändert er fast nie; denn England geht ihm über alles. Unter seiner Herrschaft ging's ihm gut, und er weiß, daß er sich wo anders unbehaglich fühlen würde. Den Drang zu lernen, kennt er nicht. Auf ein Risiko will er sich nicht einlassen und ins Labyrinth engmaschiger Margen verführt ihn niemand. Was sollte er da auch, wo er doch mühelos große Gewinne jederzeit fand und Geschäfte großzügig und oft verschwenderisch durchführen konnte?

Man darf nicht annehmen, jeder Engländer handle so wie das hier geschilderte Bild ihn zeigt. Das geschäftliche Gebaren des Durchschnittsengländers aber ist so, und in England wie im Ausland klagen die Verständigen darüber seit Jahrzehnten.

Aber sind diese Eigenschaften nicht gerade diejenigen, die nur der Kavalier hochschätzt? Sind es nicht die, die der Krämer verpönt, weil sie der fortgeschrittene Händler in dem Maße, wie sie dem Engländer eigen sind, gar nicht haben darf, wenn er sich im Kampf ums Dasein behaupten will?

Es wäre falsch, den Engländer dieser Eigenschaften wegen besonders vornehm zu halten. Denn wir wissen, ist der Engländer durch Alkoholgenuß seiner Sinne nicht mehr mächtig, oder fühlt er sich angegriffen, verliert er völlig alle guten Eigenschaften und ist zu jeder nur denkbaren Niedertracht fähig.

Es ist daher die Frage berechtigt, ob der Engländer die guten Eigenschaften mehr aus seiner Sucht, bequem zu leben, als aus dem ästhetischen Bedürfnis schöpft, anständig zu sein. So wissenswert die Antwort darauf wäre, wir Techniker und Kaufleute bedürfen dazu für unsre Aufgabe nach dem Kriege vor allem die richtige Ansicht, wie der Engländer sich im normalen Zustand gebärdet, um darauf die Grundlage unsers Verhaltens im Frieden aufzubauen.

Wir würden aber einen schweren Denkfehler begehen, wenn wir uns die Engländer als „Krämer" vorstellten.

Nun wollen aber doch die Engländer unsern Handel vernichten und ihn an sich reißen; darauf hinaus zielt doch die Beteiligung Englands am Kampfe! Es mag sein und erscheint glaubhaft, daß Englands Staatsmänner auch diesen unausführbaren Gedanken immer noch pflegen und daß einigen, denen der deutsche Wettbewerb besonderen Abbruch tat, hoffen, mit dem Beseitigen eines seiner Art wegen verhaßten Wettbewerbs könnte ein Geschäft zu machen sein. Ursprünglich hat aber die überwiegende Mehrzahl an so etwas gar nicht gedacht. Jetzt aber, da man ihm deutsches Wesen als Barbarei darstellt, als ihm Angst gemacht wurde, sein eigener blühender Handel würde völlig von den Deutschen vernichtet, wenn sie als Sieger aus dem Kampfe ziehen, da war es kein Wunder, als die da so leicht zu Täuschenden schworen, Deutschland mit Stumpf und Stiel auszuroden.

Aus dieser völlig falschen Erkenntnis ging's rasch zur Tat. Unglaublich leicht und schnell vollzog sich die allgemeine Wehrpflicht. Trotz nie eingehaltener Versprechen der Regierung wurden die immer noch alles Blindglaubenden schrittweise dazu gebracht, ihre bis dahin als höchstes Gut verehrte Freiheit dem Vaterland zu opfern und eine dauernde Bürde auf sich zu nehmen. Man muß wissen, was dem Engländer diese Freiheit war; wie verächtlich er auf die andern herabsah, die den heilsamen, ihm aber unerträglich erscheinenden Zwang des Soldatenlebens tragen, um zu verstehen, welchen Opfern auch der Engländer da fähig war; es meldeten sich auch dort Freiwillige und Begeisterte und verließen Haus und Hof. Was spielen dagegen die paar Drückeberger für eine Rolle? Die hat England gemeinsam mit allen andern Völkern. „Krämer" aber, wie wir sie uns in ihnen vorstellen, hätten sich zu einem solchen Opfer niemals aufschwingen können.

In England sind nicht wenige auch dagegen aufgetreten, die die geheim gehaltenen Verträge ihrer Regierung und die niederträchtige Heuchelei verdammten, mit der zum Krieg begeistert wurde. Inzwischen haben die Engländer aber die großen Siege der Mittemächte über den unerwartet gewaltigen Widerstand aufgeklärt. Sie sahen darin aber nicht die siegreiche Kraft einer großartigen Organisation, sondern folgerten daraus nur: Frankreich und Rußland wäre in kurzer Zeit davon niedergerungen gewesen, wenn nicht England helfend beigesprungen wäre, und aus der Kriegsentschädigung hätten sich die Mittemächte eine Flotte gebaut, die die ihre lahmgelegt haben würde. In dieser eingebildeten Not hieß der Engländer jedes Mittel gut, das dies verhindern half. Daß Frankreich und Rußland den Krieg beginnen wollten, daß Englands Diplomaten plump den niederen Wünschen der ihnen Verbündeten ins Garn gingen, daß diese ohne Englands Beihilfe nicht gewagt hätten, Deutschland anzugreifen, das weiß er alles nicht. Ihm, dem Leichtarbeitenden, ihm, der seit Jahrhunderten glaubt, nur mit Ländererwerb den Handel vergrößern zu können, fehlt jedes Verständnis dafür, daß ein so hart arbeitendes, wirtschaftlich so ungünstig gelegenes Land wie Deutschland nie mit Länderraub, sondern nur mit vorteilhafteren Waren und Bedingungen vorwärts kommen kann. Er kann sich nicht vorstellen, daß ein hochstehendes Volk nur angegriffen zu stärkeren, wohl vorbereiteten Waffen greift.

Wir sehen also die Gründe, die den Durchschnittsengländer zum Krieg getrieben haben, sind andere als die, die unsern Haß bisher nährten. Weil wir aber mit ihnen und sie mit uns wieder arbeiten müssen, müssen wir uns klar werden, was wir berechtigt an unsern Feinden verdammen sollen.

Was wir bekämpfen, und die ganze Welt an England bekämpfen sollte, ist der falsche Gedanke seiner gewalttätigen auswärtigen Politik, der glaubt, das Wohl der Menschheit könnte ihr nur auf Grund englischer Gesetze und Anschauungen, englischer Bequemlichkeit und Unwissen gebracht werden. Es ist der Rückschritt, der in dieser Ansicht liegt, und der um jeden Preis niedergerungen werden muß. Freilich, der einzelne Mensch erkämpft sich dabei anscheinend nicht das Bequemere, wohl aber Arbeit und darin liegt für unser Gemüt das Tragische unsrer hohen Aufgabe. Denn die Welt ist noch zu rückständig, um einzusehen, geschweige denn zur Tat zu schreiten, daß der Fortschritt aller Menschen nur über Hindernisse und Mühsal gehen kann, daß das Minimum an Arbeit nur dann jeden Einzelnen trifft, wenn alle danach streben, mit geringstem Widerstand zu arbeiten und durch nie endendes geistiges Schulen ihrer Kenntnisse der größte Wert der Arbeit zu erreichen ist. Das allein ist das zulässige höchste Glück der Einzelnen, wie das mögliche der Menschheit; Ziel und Streben der Natur.

Solange der Engländer mit den Waffen dagegen kämpft, solange e r der Herr über alle andern sein will und sie nur für seine Zwecke braucht, muß und wird gegen ihn mit allen Mitteln gekämpft werden, denn damit im Bunde ist der unbesiegbare Wille der Natur.

Der unbewußte Zweck des Krieges.

Der schwere Sommernachtstraum des Jahres 1914 hat den Verstand der Menschen verwirrt. Noch immer narrt ein Puck die Welt. Die, die sich fördern sollten, hassen, verstümmeln und morden sich — und wie die holde Gattin Oberons liegt die stolze Britannia liebend „in den Armen eines Ungeheuers". Ihre Umnachtung zeigt ihr die Horden der Kosaken, die stumpfsinnigen Muschiks als Kulturbringer und das Volk der Dichter, Denker und Arbeiter — als Barbaren. Es fast allein hat den Ansturm der Russen aufzuhalten; seine Blutsverwandten, die Skandinavier, die Holländer und Schweizer sehen kampflos diesem Ringen zu, die amerikanischen Vettern liefern Waffen und die englischen fallen ihm damit in den Rücken. Lehrte uns die Geschichte nicht, daß sich die Germanen stets nur kämpfend zusammengeschweißt haben und erst nach Blutvergießen zur Besinnung kamen, man müßte schaudernd den Verfall der germanischen Rasse befürchten. — Die Gelehrten, verpflichtet und geschult, nur auf verbürgtesten Grundlagen ihr Wissen aufzubauen, verdammen heute bloß auf Zeitungsnachrichten hin das, was sie gestern noch als tiefste Weisheit selbst verkündet haben. Und aus den gleichen unreinen Quellen schöpfend, verbreiten christliche Prediger von den Kanzeln, wo sie durch einen Eid gebunden sind, nur das Evangelium der Liebe zu verkünden, Haß gegen die Deutschen, gießen ihn in die Herzen der Frauen und Kinder und vergiften so ihre eigene Saat auf unabsehbare Zeit. — Als eine Art babylonischer Geistesverwirrung, als eine Orgie des Gemütes werden die schrecklichen Ereignisse dieses Chaos in die fernsten Jahrtausende ragen.

Und dennoch: sieht man mit den Gläubigen in allem, was geschieht, die bewußte Absicht eines unerforschlichen Gottes oder mit den Philosophen den Willen der Natur oder das unbeirrbare Walten des Unbewußten, dann ahnt man auch in diesen scheinbar so verworrenen Ereignissen einen Zweck. Machen wir uns dann frei von dem irrigen und anmaßenden Gedanken, ein allmächtiger Wille müßte mit uns das als gut und böse erkennen, was wir schwankend je nach unserm Vorteil dafür halten und schulen wir unsern Geist, die Gesetze jenseits davon zu suchen, dann erhellt sich unser Ahnen bis zur Richtung und Kraft dieses Zweckes.

Dabei haben wir es nicht nötig, ins Uebersinnliche zu steigen, oder gar vergebens zu versuchen, die Ursache dieses Zweckes zu ergründen. Wir wollen uns nur klar bleiben: wohin auch immer der Flug unsrer Gedanken führt, landen muß er im verpönten und gefährlichen Gebiet der Voraussagungen, denn einen Zweck suchen heißt sein Wirken finden wollen. Es bleibt darum festzustellen übrig, ob wir das große Ereignis mit unsern Sinnen und den uns bekannten Gesetzen so als Teil eines großen uns verborgenen Ganzen erfassen können, daß wir mit Recht aufs ganze schließen, Richtung und Kraft und daraus möglichst die Zeit, in der es wirkt, vor unser Verständnis zu bringen vermögen. Ich denke mir den Versuch ähnlich wie er beim Bestimmen einer Kometenbahn erfolgt. Auch da sehen wir nur einen kleinen Teil eines in hunderttausenden von Jahren sich abspielenden Ereignisses, Richtung, Kraft und Zeit des uns bekannten Teiles und sein Einreihen in unsre Gesetze machen unserm Geist das körperlich Unsichtbare sichtbar.

Jeder Krieg erscheint uns Menschen als der mechanische Ausbruch des Gegenwillens in einem seiner Teile, ihn durchzusetzen oder ihm zu widerstehen als Ziel sehend. Der eine wie der andere Wille ist von Kräften getrieben, die den Menschen für ihr geistiges und körperliches Wohl als richtig erscheinen. Da aber das, was die einzelnen Menschen für richtig halten, sehr verschieden und oft gegeneinander gerichtet ist, und da auch der Wille der Massen oft völlig anders als der der ihn ausführenden einzelnen Teile sein kann, finden wir die Resultante dieser Kräfte wohl erst dann, wenn wir uns zunächst über den Boden, dem die Kräfte entspringen, klar geworden sind; dann erst werden wir den vorgenannten Zweck beurteilen können.

Es ist eine viel zu wenig beachtete Tatsache, daß die meisten, ja man kann sagen alle zivilisierten Menschen entweder vom und durch den Handel leben oder doch von ihm abhängig sind. Wie der Kaufmann, der ihn unmittelbar als Beruf betreibt, will der Landmann nichts anders als seine Früchte oder sein Vieh möglichst günstig verhandeln; der Techniker und Chemiker wird nur dann beschäftigt, wenn mit seinen Erzeugnissen zu handeln ist; ja selbst bis auf den staatlich angestellten, vielleicht gänzlich vermögenslosen Sanskritforscher wirkt der Gang des Handels ein, insofern seinem Forschen nur dann ein angemessener Teil bewilligt und bezahlt werden kann, wenn Handel und Gewerbe gehen. Nur wenn diese blühen, kann Kunst und Wissenschaft gedeihen, denn ihre Wurzeln saugen nur aus dem fruchtbaren Boden des Handels.

Wir sollten dieser Tatsache unsre Einsicht nicht verschließen und sollten ein Volk, das sie kennt oder nur fühlt, aber alles daran setzt, in erster Linie den Handel zu fördern, nicht verächtlich ein Krämervolk nennen. Denn es steht ohne Zweifel auf der richtigen Voraussetzung zum möglichst besten menschlichen Leben. Darüber sich erhaben dünken und dennoch Handel treiben müssen, wäre politisch ein verhängnisvoller Irrtum und ist persönlich Oberflächlichkeit, wenn nicht Heuchelei.

Die ungeheure Kraft, die sich in dem alles belebenden Handel zeigt, ist da, sie ist greifbar und in Zahlen zu messen. Nun ist aber eine merkwürdige Erscheinung die, daß alle Wissenszweige, wie Philosophie, Rechtswissenschaft, Medizin, die schönen Wissenschaften und die Künste, in hohem Grade wissenschaftlich durchforscht sind, während der Boden, worauf sie gedeihen, also der Handel, der Wissenschaft noch recht wenig reizvoll erschien. Obwohl also nichts mehr in der kultivierten Welt als Handel getrieben wird, ist keiner, der einen Beruf ergreift, so wenig wissenschaftlich darauf vorbereitet wie der Händler. Ueber alles andere sind die meisten Kaufleute fast besser unterrichtet, als über das, was sie als Beruf betreiben: den Handel. Nur einer seiner Zweige, weil wissenschaftlich gründlich durchforscht, bildet hiervon eine rühmenswerte Ausnahme: das Erreichen und Herstellen von Waren in einer verblüffend hoch ausgebildeten Technik. Sonst aber glaubt man allgemein, mit etwas Warenkunde, in der Kenntnis der lebenden Sprachen, der Buchhaltung und in gewandtem persönlichen und schriftlichen Verkehr das Wesen des kaufmännischen Berufes erschöpft zu haben. Jeder handelt nur aus Selbstzweck und meint, wenn nur er verdient und andern möglichst viel von ihrem Gewinn abjagt, ein guter Kaufmann zu sein oder es mindestens bald werden zu können. Hört dann so einer von dem ihm meist unbekannten Begriff des gegenseitigen Warenaustausches der Völker, dann staunt er ungläubig, selbst wenn ihm die Zahlen zeigen, daß die wirtschaftlich blühenden Länder mehr Waren herein- als hinausbringen, da doch er und alle, die er kennt und für tüchtig hält, von keinem andern Streben wußten, als Waren, ganz wie im Krämerladen, möglichst viel zu verkaufen. Das bezeugen uns die Memoiren der reich und dadurch berühmt gewordenen Kaufleute; sie alle raten am Grunde, der sie zu Vermögen gebracht hat, völlig vorbei, und das bestätigt uns auch der heute noch blühende Aberglaube an der Börse, weil der nur da gedeihen kann, wohin das Licht der Wissenschaft noch nicht gedrungen ist. Von der ungeheuren Vergeudung an Kraft, die durch ein solches Unwissen dem Gemeinwohl und damit den Kaufleuten entsteht, haben sie keine Ahnung. —

Ein Gesetz beherrscht das mechanische Walten der Natur: das Streben nach höchster Wirkung bei geringstem Aufwand an Arbeit. Den Beweis gebracht zu haben, daß diesem Gesetz auch der Handel unterliegt, ist das unsterbliche Verdienst des Schotten Adam Smith und seines Schülers Ricardo. Wie die Lehren des Kopernikus den Menschen von seiner anmaßenden Einbildung, im Mittelpunkte der Schöpfung zu stehen, geheilt haben, so überraschend zeigten die von Smith, daß die Summe unsers kaufmännischen Handelns letzten Endes, wenn uns auch noch unbewußt, ja dem persönlichen Willen vielfach entgegenwirkend, dennoch ein Fortschreiten im Sinne des Gemeinwohles ist. Smith war es, der der unendlichen Zahl unbekannter kleinster und größter Kräfte das Integralzeichen vorsetzte und eine ebenso überraschende wie einleuchtende Lösung fand.

Mit dem richtigen Gefühl in Handelsdingen, womit die Natur das frühere England in einem außergewöhnlichen Maße bedacht hatte, setzte es diese Lehren zu einer Zeit in die Tat um, als es dazu noch das Glück hatte, die Erfindungen eines James Watt, eines Arkwright und eines Stephenson in die Bahnen dieser Lehren zu geben. Ein nie dagewesenes Emporschnellen englischen Reichtums war der Erfolg, alle andern Völker darin weit hinter sich lassend. Der Verstand hat dabei nicht viel zu tun gehabt. Ueppig, wie im Paradiese, öffneten sich dem Engländer die Schätze der Erde; ohne

Schwierigkeiten konnte er sie heben und überließ den andern gern, was von seinem reichen Tisch fiel. Immer mehr aber wuchs dadurch der Wettbewerb der andern Völker. Die früher unerhört hohen Gewinne schmolzen zusammen und je mehr dies eintrat, desto mehr mußte der Verstand dem Gefühl zu Hilfe eilen. Nichts war darum natürlicher, als daß der Verstand des Volkes, dem der Reichtum mühelos in den Schoß fiel, nicht so geschärft wurde als der jenes Volkes, das mit einem unbeugsamen Willen vorwärts zu kommen, hartnäckig und dauernd darum ringen mußte. Kommt, wie beim Engländer, dazu die Meinung, alle andern Völker seien minderwertig, so ist jede Einsicht für die Notwendigkeit, verständiger zu sein, ausgeschlossen. Darum liegt es ganz im Gange uns begreiflicher Ereignisse, daß die Lehren Smiths wohl so lange den Briten segenspendend wirken konnten, als sie zeitlich von einem richtigen Gefühl getrieben, zuerst angewandt wurden, aber verblühen mußten, als viel Verstand nötig wurde, sie fortzusetzen. Was britische Kaufleute, wie wir in ihren Fachzeitschriften bereits vor und während des Krieges lesen konnten, heute wollen, ist das Gegenteil von dem, was sie ihr genialer Landsmann gelehrt hat. Die Wissenschaft im Handel, die in England einen so gewaltigen Anlauf genommen hat, scheint nun dort gänzlich verdorrt zu sein. Wiederum war es Deutschland, das mit seinen Handelshochschulen dieser Wissenschaft, wenn auch noch nicht lange Zeit, so doch zuerst, ein geeignetes Obdach bot und der Menschheit damit, ebenso wie bereits in allen andern Wissenszweigen, ungeahnte Schätze heben wird. —

So staunenswert nun die ungeheure Umwandlung ist, die uns Deutschen der Krieg für unser Wirtschaftsleben gebracht hat, ihr nie geahntes glattes Sichvollziehen ist bei der uns von einer kargen Natur gnädig aufgedrungenen Organisation und Wissenschaft kein Wunder. Sie ist nur das Geschenk einer bei uns stets vorhandenen Teilnahme unsers Verstandes. Wir dürfen und werden darum auf diesen Lorbeeren nicht ausruhen; denn an uns tritt die viel schwierigere Frage heran: Wie können wir nach dem Kriege unsern Handel wieder fortsetzen?

Vergleichen wir die zukünftige Aufgabe mit der soeben von uns geleisteten, so erscheint diese leicht. Alles kannte nur ein Ziel: so rasch als möglich einen sicheren Besteller, den Staat, mit Waren vorgeschriebener Art zu versorgen. Um die Abnahme und um die Gewinne war man nicht verlegen; beide waren so hoch, daß fast jeder, ohne Verluste fürchten zu müssen, in kürzester Zeit die teuersten Neuanlagen anschaffen konnte. Die wissenschaftlich geschulte Technik konnte sich frei entfalten. Auf den Gerichten, wo früher im Uebermaß die Abnehmer die Beklagten waren, sind es jetzt die Lieferer, aber nicht, weil sie schlecht lieferten, sondern weil sie dem Andrang von Aufträgen nicht rasch genug nachkommen können. Die Sorge um Aufträge, der heiße Kampf um den Gewinn, diese unzertrennlichen Geschwister des Handels im Frieden, sind verjagt, das Wissen allein, wie Aufträge auszuführen sind, ist zurückgeblieben. — Wenn der Friede kommt und dann bei Kriegslieferungen wieder mehr Zeit bleibt und wieder scharf gerechnet wird, wenn die Staaten um die dann im Verhältnis zu heute geringen Aufträge gebeten werden müssen, wenn die Sorge um das Hereinbringen von Aufträgen und die um das Beschäftigen der großen Anlagen und der zurückflutenden Menschen wieder da ist: dann erst wird sich zeigen, ob die Kaufleute eine Aufgabe lösen können, die das höchste Anfordern stellt, das je an einen Beruf herangetreten ist.

Es ist darum nur zu verständlich, wenn die Frage, was die Zukunft bringt, überall dringender denn je gestellt wird. Ja, es wäre falsch, zu warten auf das, wie sich die Ereignisse gestalten und dem Glauben hinzuneigen, das Bemühen, sie vorauszusehen, wäre doch vergebens. Nur ein noch so unwissenschaftlich gebildeter Beruf, wie es der des Händlers ist, gibt sich planlos der Zukunft hin.

Die Zukunft verhüllt sich unserm Blick, wenn wir sie in Bezug auf unsre Person erforschen wollen. Je weiter wir aber den Kreis ziehen, und je freier von unserm Gemüt wir ihn zu betrachten versuchen, desto mehr fallen ihre Schleier. Die Richtung zu ihr gibt uns unser Gefühl, das heute nicht mehr ursprünglich, sondern aus unserm Wissen geboren sein muß und das wiederum uns am Wege weiterleitet. —

Die Geschichte lehrt uns, wie in grauer Vorzeit die Völker zuerst im Kampfe um das Weib zusammenprallten; wie später der Drang, Staaten zu bilden und das Verbreiten der für richtig gehaltenen Religionen entstand; daß heute aber der größte Trieb aller zivilisierten Menschen das Aufrechterhalten und Verbreiten des Handels ist. Ihn zu erhalten, das heißt, hartnäckig die Art, ihn zu treiben, wie es die einzelnen Völker für gut finden, ist so mächtig geworden, daß die Völker sogar bereit sind, ihr Leben dafür in die Wagschale zu werfen — er ist ihnen Lebensbedingung geworden.

Die verschiedenen Arten, wie die Völker den Handel am besten für sich zu treiben vermeinen, spielen sich für unser geistiges Auge wie verschieden gerichtete Kräfte ab, deren einzelne Stärken uns unbekannt sind. Wir wissen nur das eine, die Resultante ist genau wie in einem Parallelogramm der Kräfte von allen beeinflußt; unwissend sind wir aber vorläufig noch darüber, welche der Kräfte die stärkste, darum für die Resultante am ausschlaggebendsten ist. Um das zu finden, erscheint es mir notwendig, zwischen zwei Fragen zu entscheiden: ergibt sich die Resultante ersichtlich aus den Kräften des Handels, die von dem bewußten Willen der verschiedenen Völker und ihrer mechanischen Kräfte ausgehen, oder ist sie in der Hauptsache unabhängig davon, bildet sie sich vielmehr aus Kräften, die uns Menschen noch unbewußt treiben?

Hier stehen wir schon am Scheidewege. Zwei Wege gabeln sich ins Unbekannte. Auf dem ersten begleiten uns nur Haß und Begeisterung, zwei höchst irreführende Gesellen, auf dem zweiten führt nur die Wissenschaft. Höchst unsicher der erste, wähle ich den zweiten und habe dann nur die Grenzen abzustecken, wie weit wir gelangen können und die Mittel zu prüfen, womit wir vorwärts kommen wollen.

Es sollen die Folgen des Krieges für das Wirtschaftsleben in ihrer Wirkung auf das der zivilisierten Menschheit ersichtlich werden und daraus, wenn möglich, auf die Völker in den einzelnen Staaten und dann erst auf die des einzelnen geschlossen werden.

Die Mittel dazu sind der Verstand und die Erfahrung, und zwar die logische Verbindung der Handelsgeschichte mit der Psychologie und der Volkswirtschaftslehre.

Sich heute auf den Verstand zu verlassen, nachdem er ringsum so kläglich versagt hat, und ihn dann gar noch in der Volkswirtschaftslehre beim Suchen nach einem Blick in die Zukunft als Stütze zu nehmen, erscheint nicht sehr aussichtsvoll. Da wir aber einen Zweck des Krieges ahnen, der auf den Handel gerichtet ist, sagt uns das Gefühl, daß wir dieses Mittel nicht entbehren können.

Was dem Landwirt die Wetterkunde ist, sollte dem Händler die Volkswirtschaftslehre sein. Es ist die Lehre von den gewesenen und vorhandenen wirtschaftlichen Bewegungen und Werten mit dem Endzwecke, die zukünftigen vorauszusagen.

Wäre die Volkswirtschaftslehre eine Wissenschaft von der Sicherheit und Art der Mathematik, dann stünden die Menschen schon in einem gänzlich anders gearteten, vielleicht glücklicheren Zeitalter, weil jeder Spekulation der Boden entzogen und an Stelle des heute da noch herrschenden Gefühles und Gemütes die Sicherheit der Verstandesfolgerung getreten sein würde.

Dahin ist aber sehr weit; denn die Volkswirtschaftslehre erreicht den Kernpunkt einer Wissenschaft — die zuverlässige Voraussage — nur sehr unvollkommen. Noch ist sie mehr ein Feld für geistreiche Gedanken und überraschende Verbindungen, als ein Grundpfeiler, worauf man zuverlässig bauen könnte. Eine Durchsicht der Voraussagungen unsrer führenden Volkswirte zeigt sehr oft ein gänzliches Danebentreffen, sogar das Eintreten des Gegenteils. Das war schon so vor hundert Jahren, als Malthus seinen Anhängern Englands Hungertod bewies und hat sich bis heute so fortgesetzt. Erinnern wir uns des Streites der Bimetallisten mit denen, die endlich der Goldwährung zum Durchbruch verhalfen, oder der fesselnden, jedoch grundverschiedenen Beweismittel der Freihändler, der radikalen und gemäßigten Schutzzöllner, der schon persönlich gewordenen Erörterungen über Kornzölle, oder gar des Beweises von Herrn Ribot, womit er unsern Feinden die Gewißheit gab, Deutschland müsse spätestens am 20. Mai 1915 Hungers wegen um Gnade flehen — und was sich da noch alles anführen ließe: immer zeigt sich die große Unsicherheit dieser Lehre, wie sie einmal als auffallender Mangel an Uebereinstimmung der wenigen ihrer Regeln auftritt, ein andermal so klaffende Gegensätze zeitigt, wie man sie sonst nur in der Kunst anzutreffen gewohnt ist, wo mehr mit dem Gefühl und Gemüt, als mit dem Verstande geurteilt werden darf.

Welche Ursachen liegen nun dem dadurch so unvollkommenen Handhaben einer Wissenschaft zu Grunde, die geeignet wäre, das wichtigste Werkzeug des Geschäftsmannes zu sein? Die Ursache der Unsicherheit liegt meiner Ansicht nach hauptsächlich darin, daß wir, statt ausschließlich reine **Weltwirtschaft**, eine **Volkswirtschaft** unter Berücksichtigung politischer Grenzen betreiben müssen, wodurch diese

Lehre in ein induktives Anwenden gezwängt wird, statt in einem deduktiven den einzig möglichen Weg zu finden.

Der Handel und sein Endzweck, Geld zu erwerben, hat heute den weitaus größten Teil aller zivilisierten Weltbewohner ergriffen. In seiner nicht zu dämmenden Sucht, sich auszubreiten und zu vergrößern, kann das Gesetz, wonach der Handel sich abspielt, wie überall, wo Kräfte walten, auch hier nur das sein, das lehrt, wie das größte Wirken mit dem geringsten Aufwand zustande kommt. Daß dabei politische Grenzen als Hindernisse empfunden werden, zeigt sich um so klarer, je mehr man bemüht ist, sie durch Verkehrserleichterungen, bessere Verständigung (Sprachstudien, Friedenskongresse, Land- und Völkerkunde), oder durch Gewalt zu überwinden. Ihre Kräfte sind von dem erwähnten Gesetz geboren, das alle Schranken durchbricht, die sich ihm entgegenstellen.

Würde man sonach die Volkswirtschaft allein von diesem Gesetz aus betrachten und handhaben können, wären nicht nur bald Regeln gefunden, womit zuverlässig gerechnet werden könnte, sondern es würde sich auch ein viel wirkungsvolleres Ausnützen als heute ermöglichen lassen. Ein Beispiel wird den Sinn dieser Behauptung beleuchten. Angenommen, der Boden eines politisch umgrenzten Landes eignet sich nur unvollkommen für den Getreidebau, dagegen vorzüglich für die Viehzucht, während es im Nachbarland umgekehrt ist. Dann werden dennoch heute beide Länder sowohl Getreide bauen, als auch Viehzucht treiben, damit sie unabhängig voneinander bestehen können. Müßte diese Forderung aber nicht vorhanden sein, so würde man sich vorteilhafter im ersten Land nur der Viehzucht hingeben, während man im zweiten nur Getreide bauen würde. Was die einen dann an Vieh brauchen, tauschen die andern mit Getreide ein und umgekehrt. Beide hätten dann die Gewähr, ausschließlich bestes Vieh und ebenso nur bestes Getreide zu erhalten; wohingegen jetzt beide Länder weniger gutes Vieh und Getreide mit in den Kauf nehmen müssen.

Es liegt also die Frage, ob in einem politisch umgrenzten Lande nur das gebaut oder getrieben werden soll, was sein Boden, seine Lage und seine Bevölkerung am besten herzugeben imstande sind, nicht im Gebiete der Volkswirtschaft allein, sondern hängt ab von dem Vertrauen, das die Nachbarländer sich entgegenbringen. Die Frage ist also sehr stark mit der Politik vermengt, deren zunächst wirkende Einflüsse heute noch gar nicht in Gesetze zu ordnen sind.

Die Politik ist es also, die die Unsicherheit in die Volkswirtschaftslehre trägt und diesem Vermengen sind wohl in erster Linie die oft so merkwürdigen Ergebnisse dieser Lehre zuzuschreiben.

Nun hat zurzeit nichts mehr das Wort als die Politik und es sieht ganz so aus, als ob die Volkswirtschaftslehre mehr denn je versagen müßte, der Wegweiser unsrer Gedanken zu sein. Die merkwürdige Erscheinung jedoch, daß alle kultivierten Völker in einer nie dagewesenen Weise in den Krieg verwickelt sind, hebt, so widerspruchsvoll dies auch bei oberflächlichem Betrachten klingt, die Vorherrschaft verschiedener Politik nach dem Kriege auf und zwängt den Gang zukünftiger Ereignisse in den einzelnen Staaten wie noch nie

Gewandtheit im Lügen, ist darum als kleinlicher Gesichtspunkt auch veraltet und wertlos. Wie der große Geschäftsmann zusehends aus rein wirtschaftlichen Vorteilen immer mehr der Wahrheit zustrebt, so tut es auch jener Staat, der große Ziele verfolgt und die Kraft in sich fühlt, die Wahrheit sagen zu können.

Wie aber der Staat, in bezug auf seine Größe und das Gemeinwohl als Zweck allein ansehend, darin den privaten unmittelbar dem Handel dienenden Gebilden weit voraus eilte, weil im Handel erst seit kurzem durch das Größerwerden seiner Teile der Selbstzweck des einzelnen sich zusehends in ein Gemeinwohl zu entwickeln beginnt, wurde der Vorteil der Wahrheit im Gegensatz zu dem der Lüge von der Verwaltung des Staates längst vor der im Handel nicht nur erkannt, sondern auch angewandt. Dieses Streben wurde ohne Zweifel durch die höhere wissenschaftliche und moralische Bildung der Beamten gefördert; wohingegen es im Handel, weil ihn jeder ausüben kann, noch Hemmnisse hat und sich, wie ehemals in der Diplomatie, erst durch Notwendigkeit den Durchbruch erkämpfen muß.

Vor unserm Geiste spielt sich dieses Entwickeln deutlich ab. Talleyrands Ansicht ist noch tief von dem Werte der Lüge befangen. Sie vergiftet noch unsre Tage und verdreht die Wahrheit zur Lüge. Wiederholt hat Bismarck in Tischgesprächen geklagt, die Diplomaten der alten Schule, die das Lügen als notwendiges Erfordernis ihres Berufes betrachteten, hätten hinter seiner stets wahr geäußerten Meinung immer etwas anderes gesucht, als er gesagt habe. Recht deutlich bricht auch bei ihm der Widerspruch der Lüge mit dem wirtschaftlichen Grundgesetz, die höchste Leistung bei geringstem Arbeitsaufwand zu erreichen, schon in einem Brief vom 18. Mai 1851 an seine Gattin durch. Er bedauert darin die durch die Lüge vergeudete Arbeit der Diplomaten des Frankfurter Bundestages und vergleicht dies mit dem, was geleistet werden könnte, wenn die Wahrheit herrschen würde. In 24 Stunden wolle er zustande bringen, was zu leisten wäre, „wenn die andern nur einen Tag wahrheitsliebend und vernünftig sein wollten". Immer wieder im Reichstag, vor der breitesten Oeffentlichkeit, in Reden bis in sein spätestes Alter, hat er diesen Gedanken vertreten. „Das Lügen habe ich auch als Diplomat nicht gelernt", so am 28. August 1893, und unverändert daran festhaltend noch am 8. April 1895: „Ich habe es auch im politischen Leben stets für nützlich gehalten, wahr zu bleiben." Ein Ehrenmann, ein so durchaus gebildeter Mensch wie Bismarck konnte nicht lügen, ein so unermüdlicher Arbeiter wie er erkannte das Verschwenden seiner besten Kräfte durch die Lüge anderer und mußte sie darum auch hassen. Welch ein Unterschied, welch ein Fortschritt zwischen ihm und Talleyrand! Als Herr von Bethmann-Hollweg am 4. August 1914 der aufhorchenden Welt sagte:

„Meine Herren! Wir sind jetzt in der Notwehr und Not kennt kein Gebot!

Unsre Truppen haben Luxemburg besetzt, vielleicht schon belgisches Gebiet betreten.

in gleichgerichtete, parallele Bestrebungen. Ich meine damit das Uebergehen der gewaltigen Werte auf alle einzelnen Staaten in einer Höhe, wie wir sie noch vor kurzem für gänzlich unmöglich gehalten haben würden. Es ist Ursache einer so gewaltigen neuen Kraft, daß alle andern nicht verwandten Kräfte dagegen zurücktreten werden. Die Frage: wie können die Staaten ihre Schulden wieder zahlen? tritt bei der Größe und der allgemeinen Verschuldung der Staaten alles hinter sich drängend in den Vordergrund. Nur das beste Ausnutzen aller wirtschaftlichen Kräfte läßt einen Ausweg finden, und so wird es die Menschheit erleben, daß die Lehren der Volkswirtschaft aus der Not neu geboren werden und rein von ablenkenden Kräften ihre Anwendung finden müssen.

Der Blick in die Zukunft ist somit schon nach einer Seite gerichtet. Und verlassen wir uns nun auf ganz wenige, aber dafür unbedingt sichere Grundregeln, legen wir dabei noch einige irreleitende Begriffe ab, dann haben wir bald das Ziel vor unsern geistigen Augen.

Vor allem müssen wir einsehen lernen, daß die heutigen, gänzlich verschobenen Verhältnisse nicht auf einen zukünftigen Frieden passen werden. Die zurückgegangenen oder gestiegenen Zahlen, die heute die Presse in beiden Lagern höhnend zusammenstellt, sagen uns für die Zukunft fast gar nichts; ihr Schwanken ist nur die natürliche Folge des Krieges, wie das gegenwärtige Verdienen nur die des raschen Verbrauches der erhöhten den Staaten gewährten Kredite ist; ihr Ausgleich nach Friedensschluß soll Gegenstand dieses Betrachtens sein.

Dann aber müssen wir uns über das Wesen des Geldes, dem scheinbar wichtigsten Mittel des Handels, klar werden; denn gerade darüber beherrschen uns die merkwürdigsten Ansichten.

Aus der Handelsgeschichte wissen wir, daß längst vor der Erfindung des Geldes zwischen den Völkern ein großer Austausch an Waren stattgefunden hat und daß es lediglich ihr ungleicher Wert und oft ihre Unteilbarkeit waren, die gebieterisch nach einem Mittel verlangten, diese einem leichten Austausch hinderlichen Eigenschaften zu beseitigen. Das Geld dürfen wir uns also nur vorstellen als eine Ware, mittels der man in der Regel am leichtesten Waren jeglicher Art eintauschen kann.

Nun ist zu beachten, daß Geld wohl eine Ware ist, jedoch mit der Eigentümlichkeit, daß ihm selbst nicht annähernd der Wert innewohnt, wie etwa dem Getreide oder Holz oder Eisen, sondern daß es eine Ware ist, die ihren höchsten Wert erst durch die allgemein anerkannten juristischen Rechte erhalten hat, als diese es zum leichtesten und gangbarsten Tauschmittel erhoben haben. Wir können somit das Geld auch als ein Rechtsmittel ansehen, das ebensogut einen ganz andern Ausdruck finden kann, als letzten Endes in Gold, wie das ja die Tatsache auch immer mehr beweist. Ich meine damit den Ersatz des Hartgeldes: das Papiergeld, den Scheck und den Wechsel; alle drei sind im Grunde ein und dasselbe; ihr Unterschied besteht lediglich in der Zahlungsfähigkeit des Ausstellers. Schon läßt sich aber hier sehr deutlich der Uebergang eines greifbaren Tauschmittels zum gedanklichen erkennen, der in der Folge in Aktien, Obligationen, Hypotheken weiter ausgebaut ist. Erfunden als Mittel, Waren gegenseitig leichter zu tauschen, liegt somit der Sinn des Geldes zunächst in der Bewegung, das heißt, mit dem Gelde müssen Werte geistiger oder körperlicher Art oder Waren getauscht oder geschaffen werden können, ehe das Geld überhaupt einen Wert für uns hat. Werte oder Waren schaffen kann der Mensch einzig und allein nur durch Arbeit; das Geld ist somit der Maßstab einer aus zwei Faktoren gebildeten Arbeitsmenge, der Summe des vorhandenen Geldes und der Geschwindigkeit seines Umlaufes. Dies beweisen folgende Zahlen recht einleuchtend.

Vom Jahre 1493 bis 1913 wurden der Erde für 62,3 Milliarden Mark Gold und für 42,1 Milliarden Mark Silber, zusammen also 104 Milliarden Mark Edelmetall entnommen. Rechnen wir davon ab, was nicht in Hartgeld verwandelt wurde oder inzwischen verloren ging, und vergleichen wir dann die Menge des vorhandenen Edelmetalles mit der Menge der vorhandenen Warenwerte, wobei von Werten geistiger Art abgesehen werden soll, so finden wir, daß auch nicht annähernd soviel Geld da ist, als Warenwerte vorhanden sind und ausgetauscht werden, daß es also nicht Geld sein kann, womit die Waren in der Tat bezahlt werden. Nur weil wir uns angewöhnt haben, alles, selbst ideale Güter, in Geldeswert einzuschätzen, überschätzen wir den Wert des Geldes in bezug auf die Rolle, die ihm im Wirtschaftsleben von der Natur aus zugewiesen ist und bleibt. Noch deutlicher ergibt sich dies aus der letzten amtlichen Schätzung des Edelmetallvorrates in Deutschland. Danach waren nur für 4,7 Milliarden Mark Edelmetall, auf den Einwohner also nicht mehr als 76 Mk. treffend vorhanden, während das Vermögen des deutschen Volkes auf 350 Milliarden Mark geschätzt wurde, wobei es mit an der Spitze der Völker steht und der Umsatz der Reichsbank jährlich 400 Milliarden Mark allein schon übersteigt.

Daraus läßt sich nun der außerordentlich wichtige Schluß ziehen: wir zahlen, wohin immer, überwiegend unsre Waren nur scheinbar mit Geld, tatsächlich zahlen wir sie wieder mit Waren und letzten Endes tauschen wir Arbeit gegen Arbeit.

Diese Erkenntnis bildet den Ausgangspunkt aller volkswirtschaftlichen Betrachtungen und Schlüsse.

Wir verstehen nun, daß es im internationalen Handel nicht darauf ankommt, möglichst viel Waren hinauszusenden, sondern für das Hinausgesandte möglichst viel Warenwerte zu erhalten. Also nicht die Ausfuhr eines Landes, sondern seine Einfuhr muß für dieses Land den größern Wert haben. Genau, wie es bei jedem einzelnen Geschäftsmann der Fall sein muß. Ich sage absichtlich für dieses Land, weil der Wert ein und derselben Ware nicht für jedes Land der gleiche ist, genau wieder wie dieselbe Ware nicht für jeden Geschäftsmann gleichwertig ist.

Damit sind wir am Zweck alles Handels, beim Gewinn, angelangt. Dieser wird wie der Wert einer Ware für den Verkäufer wie den Käufer in einer Maßzahl, nämlich dem Goldwert, gemessen, der für beide Teile den gleichen Wert hat. Hier allein zeigt sich der wesentliche Unterschied zwischen Gold einerseits, Ersatzwerten, Waren und Arbeit andrerseits. Gold kann als Maßstab für alle andern Werte nur eine unveränderliche Einschätzung haben. Alle andern haben aber mindestens zwei, in der Regel sehr verschiedene Werte, und zwar einen für den Geber, den andern für den Nehmer. Während der Nehmer, ehe er mit der empfangenen Ware etwas anfängt, sie weiter verhandelt, verarbeitet oder selbst verbraucht, noch keinen Gewinn daran hat, enthält sie diesen bereits für den Geber, der sie durch Arbeit von einem niedrigeren Wert auf einen höheren gehoben hat. Wenn auch schwankend, so doch stets bekannt ist der Marktpreis; jedoch gänzlich unbekannt und ununterbrochen bewegt, dem Forschen danach ängstlich verschlossen, ist der Gewinn der andern, auf den wir nur mittelbar und allgemein, ganz selten im einzelnen schließen können. Der Gewinn, die nächstliegende und heute fast einzige Ursache des Handels, seine Haupttriebfeder, liegt uns somit nur in seiner Richtung unmittelbar vor, in seiner Größe und Zeit ist er nur mittelbar zugängig. Dadurch tritt ein weiteres erschwerendes Moment in unsern Weg, das wir überwinden müssen. Wir wissen, daß die Größe des Gewinnes an gekauften Waren oder Leistungen abhängt von der Höhe des Ein- und Verkaufspreises und der dafür aufgewandten Arbeit. Diese Arbeit kann bestehen in einer mechanischen oder geistigen Leistung, oder wie meist in beiden. Keinesfalls sagen uns aber die Zahlen unsrer Handels- und Zahlungsbilanzen und die der erzeugten Warenmengen etwas über die Höhe des Gewinns. Die Zahlen erscheinen uns nur in Marktwerten oder Gewichten, deren Schwanken Schlüsse auf den Gewinn nur sehr unvollkommen zulassen. Nehmen wir zum Beispiel das Deutsche Statistische Jahrbuch zur Hand und schlagen die Ein- und Ausfuhrziffern der Gemälde auf, dann finden wir, daß ein Pfund davon bei der Einfuhr mit 15 Mk., bei der Ausfuhr mit 20 Mk. bewertet wird. Dem Statistiker ist es gleichgültig, ob da ein Raffael oder nur die Arbeit eines Stümpers gewogen und bewertet wurde. Und so ist es auch mit den feinst durchdachten Maschinen und mit allen andern Arbeiten — suchen wir nach ihrem Gewinn, so entzieht sich dieser uns um so mehr, als ihnen Geist und Kunst des Erzeugers Wert verleiht. Nun wissen wir aber, daß meistens gerade diese Art Arbeiten die höchsten Gewinne abwerfen. Da Geist und Kunst als Geschenk der Natur die billigsten, gleichzeitig aber die seltensten Kräfte sind, müssen jene Völker damit verhältnismäßig die höchsten Gewinne erhalten, die sie am meisten umwerten können. Und das ist nun auch in der Tat so. Betrachten wir Frankreich mit seinen Modewaren und Kunsterzeugnissen, die für ihren geringen Rohwarenwert unglaublich hohe Preise am Weltmarkt erreichen, dann wird man die seinerzeitige Milliardenzahlung nicht mehr gar so staunenswert finden, denn sie konnte mit billig zu erzeugenden, am Weltmarkt aber außergewöhnlich hoch bewerteten Waren beglichen werden. Viele andere Länder, so auch Deutschland, hätten damals eine so große Schuld nur mit einem sehr viel größeren Aufwand an Arbeit tilgen können.

Wo immer wir aber das Trachten nach Gewinn beobachten, stellt es sich, ohne eines Beweises dafür zu bedürfen, als Streben nach höchster Leistung bei geringstem Arbeitsaufwand heraus; es ist das der Mechanik schon bekannte wirtschaftliche Grundgesetz, das in kaufmännischem Sinn ausgedrückt sehr einfach lautet: Die im Verhältnis zum Einkaufspreis beste Ware bringt den höchsten Gewinn.

Der Gewinn ist der Zweck, der Handel das einzige Mittel dazu. Ein Handel ohne die Notwendigkeit des Gewinnes ist undenkbar. Die allen Idealisten rätselhafte Inschrift am Tore des Hauses Seefahrt in Bremen: „Navigare necesse est vivere non" — ohne Handel kein Leben — stellt in rauher Wahrheit die Notwendigkeit des Handelns kultivierter Völker höher als ihre Lebenskraft. Die Sucht nach Gewinn, also Handel zu treiben, übertönt jedenfalls nicht nur alle guten und schlechten Leidenschaften, sondern spannt beide bewußt und unbewußt fast völlig in ihre Dienste. Nie haben deshalb auch Gemütseigenschaften, wie Haß oder Liebe, oder ausschließlich darin wurzelnde Gewaltmittel des Staates den Handel dauernd beeinflussen können. Die Selbstsucht des einzelnen und die Notwendigkeit des Gewinnes der Massen, die wir als Naturkräfte ansehen müssen, sind nicht zu beseitigen, sie haben sich stets als die überlegen stärkeren gezeigt und oft genug höhnend den menschlichen Unverstand enthüllt. Ich erinnere an den größten Fehler Napoleons — seine Kontinentalsperre, an das nun oft genug erörterte made in Germany-Gesetz der Engländer, und was da noch an Mitteln anzuführen wäre, die aus dem Gemüt statt aus dem Verstande in die Welt gesetzt wurden. Ja, wir werden im Verlauf dieser Gedanken sehen, wie dem gegenwärtig allein herrschenden Gemütszustand unsrer Feinde zum Trotze wirtschaftlich gerade das Gegenteil von dem erreicht werden wird, was sie beabsichtigen, gleichgültig, wer auch im Kampfe siegen wird.

Menschen und Völker, die das Gemüt im Handel herrschen lassen, gehen damit unter und beschleunigen dies oft genug durch schlechte wie gute Eigenschaften ihres Charakters, denn jenseits davon geht die siegende Kraft und der Zweck des Handels; die Formel, nach der er sich abspielt, enthält darum auch keinen Wert, der mit dem Gemüt irgend etwas zu tun hat.

Ich habe nun auf einige wenige, aber unumstößliche Grundlagen hingewiesen. Die Notwendigkeit des Gewinnes und seine treibende Kraft ist unleugbar. Das Geld ist Ware geworden; die geringe Menge dessen, was wir Geld nennen, zwang zur Erkenntnis, daß aller Tausch vornehmlich in Arbeit gegen Arbeit oder in Form von Ware gegen Ware erfolgt. Mit diesen Grundlagen allein nehmen wir darum den Faden dieses Beweisganges da wieder auf, wo behauptet war: die Verschuldung aller Staaten ist durch den Weltbrand so groß geworden, daß gerade durch sie die Lehren der Volkswirtschaft und die Erfahrungen aus der Handelsgeschichte die höchste Wahrscheinlichkeit geben, ohne störende Einflüsse das hier gesteckte Ziel — den Zweck des Krieges — freilegen zu können. Weil wir uns vorgenommen haben, nur im sinnlichen Gebiet zu bleiben, erinnern wir uns darum jetzt wieder der sehr nüchternen Frage: wie und womit können die Staaten ihre Schulden verzinsen und tilgen?

Es ist begreiflich, daß jeder in den Krieg ziehende Staat dies mit der Hoffnung tut, die dadurch nötigen Auslagen und darüber hinaus einen besiegten Feind zahlen zu lassen. Damit wäre unsre Frage aber nur zum Teil gelöst; denn die unterlegenen Staaten müßten zu ihren jetzigen Schulden neue hinzufügen. Auch änderte das Abtreten von Gebieten nichts an der Höhe der aufgenommenen Schuld. Auch die Schulden der neutralen Staaten bleiben in ihrer Höhe unverändert, und die Wirkung so gewaltiger Zahlungen, wie sie Kriegsentschädigungen immer nach sich ziehen, wäre nicht bloß von den zahlenden und empfangenden, sondern auch von den neutralen Staaten ganz erheblich zu spüren. Inwiefern sie sich im Handel zeigt, soll nun das Folgende aufklären. Die während des Krieges von aller Welt aufgenommene Schuldsumme ist nach Friedensschluß in unveränderter Größe noch vorhanden, nur ihre Teile mögen in sich verschoben sein. Für unser Betrachten ist es somit gleichgültig, ob Kriegsentschädigungen gezahlt werden; wir wollen vielmehr zunächst untersuchen, womit ein Staat Schulden zahlen kann und bedienen uns der geschichtlich verbürgten Kriegsentschädigungen als bestgeeignete Beispiele.

Die Mittel, womit ein Staat Zahlungen leisten kann, sind außer den Gebietsabtretungen, die, wie schon gesagt, nichts an der Schuldhöhe ändern, allein nur die Zölle, die Einnahmen der Verkehrsmittel zu Wasser und zu Lande, die der Post, die Ergebnisse der Staatsgruben, Wälder und Felder, die der eigenen Betriebe und endlich die mittel- und unmittelbaren Steuern. Man sieht ohne weiteres, daß sie alle mit dem Handel auf das Innigste zusammenhängen, dessen Auf und Ab in völlig übereinstimmender Weise ihre Erträgnisse beeinflußt. Da es nun überall erforderlich wird, die Erträgnisse aus diesen Mitteln gewaltig zu vermehren, ist es klar, daß diese nur zum allergeringsten Teil aus ihrem vielleicht möglichen billigeren Betrieb herausgewirtschaftet werden können, sondern daß überall nur ein großes Steigen der Staatseinnahmen die geforderten Mehrerträge beibringen kann. Da nun jeder Staat dabei völlig von der Arbeit des Volkes abhängt, kann nur dieses das Erforderliche herbeischaffen.

Um die Schulden zahlen zu können, zwingt die gewaltige Höhe des Aufzubringenden den Völkern zwei gleichzeitig zu gebrauchende Mittel auf. Das eine ist das Verzichten des einzelnen auf einen Teil seines früheren Gewinnes zu Gunsten des Staates; das andere ein vermehrtes Erzeugen von Waren und Werten.

Erzeugen von Waren und Werten ist Arbeit; das notwendige Waren- und Wertevermehren nichts anderes als Mehrarbeit. Unfehlbar bedingt Mehrarbeit erhöhte Nachfrage nach Arbeitern, was ebenso zwangläufig ein steigendes Einkommen für diese Menschen nach sich zieht.

Je mehr nun aber die Menschen verdienen, desto höher steigen auch ihre Bedürfnisse nach jeder Richtung. Nicht nur, daß der erhöhte Wärmeverbrauch vermehrtarbeitender und -denkender Menschen naturgemäß mehr Nährstoffe für den Körper erfordert, steigen auch in größerem Maßstab dann die Bedürfnisse nach geistiger Befriedigung, Verlangen von äußerem Luxus, wie auch nicht zuletzt nach Verbessern und Sichern des bürgerlichen Lebens für sich und die Familie.

Bis hierher ist der rote Faden, der uns leitete, unschwer zu verfolgen gewesen. Nun sind wir aber an einer Stelle, wo Vorsicht geboten scheint, denn nun geht er leicht in dem verfilzten Gewebe wirtschaftlicher Schlüsse verloren. Wenn man nämlich glauben würde, das durch die als notwendig erkannte Mehrarbeit der zahlreichen arbeitenden Menschen geweckte höhere Bedürfnis erzeuge wiederum Mehrarbeit, dann gerieten wir in einen circulos vitiosus, aus dessen Strudel nur durch falsche Schlüsse herauszukommen wäre.

Wir finden den Faden erst dann wieder, wenn klargestellt ist, daß jene erhöhten Bedürfnisse, die die Mehrarbeit erzeugt, erst die bereits vermehrten Waren und Wertemengen aufsaugen muß, um dem Volk die Summen zu verschaffen, die es dem Staat zum Tilgen und Verzinsen seiner Schuld abzugeben hat. Ein vermehrtes Angebot von Waren und Werten geht also vorerst der Nachfrage zeitlich voraus, denn diese kann sich erst nach dem Vorhandensein der Waren und Werte bilden, weil das Verlangen nach diesen erst durch die höheren Einnahmen der vermehrt Arbeitenden entstehen kann und darf.

Neben dem Steigen der Löhne und Gehälter für die Gütererzeugenden geht aber eine entgegengesetzte Kraft nebenher.

Haben die Bürger den Staaten mehr zu zahlen als früher, so müssen sie in der Voraussicht auf Nachfrage Waren erzeugen und verkaufen, und da stellt sich sofort mit Beginn des Erzeugens heraus, daß sie dies nur können, wenn sie selbst Waren kaufen; denn bezahlt können Waren ja nur wieder mit Waren werden; es findet sich weiter, daß der Zwang, Waren vor der Nachfrage zu verkaufen, den Verkaufspreis so lange senkt, bis er die Käufer zur Annahme reizt.

Von hier aus ist ein Rückblick über die gewonnene Lage geboten.

Auf der einen Seite steht das Gebot der Staaten, größere Einnahmen als ehemals zu schaffen, also mehr zu erzeugen, auf der andern die größeren Ausgaben für die Arbeiter. Will ein Volk dabei nicht Teile seines Vermögens verlieren, sehen wir nur die vorher schon genannten Mittel als Ausweg: Verzicht auf die ehemalige Gewinnhöhe beim einzelnen Geschäft bei gleichzeitigem Vermehren dieser Geschäfte, also Mehrarbeit beim Unternehmer wie beim Arbeiter, jedoch jetzt mit dem wesentlichen Unterschied, daß der Unternehmer erst einen drohenden geringeren Gewinn durch Mehrarbeit zu ersetzen hat, bis er an höhere Einnahmen wieder denken darf, während des Arbeitnehmers Mehrarbeit ihm sofort höheren Gewinn als vorher sichert.

Diese Erkenntnis ist bedeutungsvoll und seine Tragweite zeitigt umwälzende Erscheinungen im Wirtschaftsleben. Der Wert des Kapitals sinkt zunächst, es bekommt erst wieder höheren Wert durch einen aus der Mehrarbeit gegebenen beschleunigteren Umlauf, der unmittelbar den arbeitenden Massen und erst nachher den Kapitalisten zugute kommt.

Es ändert sich darum das Verhältnis der Steuersumme, die jene zahlen werden, die an große Einnahmen gewöhnt waren, zu der, die sich aus den Steuern der kleinen Einnahmen bildet zu Gunsten der letzten, und zwar ganz im Maße der Schuldenhöhe und der Zeit, in der sie abzuzahlen ist. Leute, die vor den Schulden hoffen durften, sich mit 50 oder 60 Jahren mit ihrem Erworbenen zur Ruhe zu setzen, werden länger damit warten müssen. Der Rentner verliert an Boden; seine Einnahmen reichen infolge des notwendig geringeren Einzelgewinnes und der durch die vergrößerte Zahl Arbeitender mehr verlangten und darum verteuerten Lebensmittel nicht mehr so gut aus wie früher; er und seine Angehörigen müssen sich allmählich selbst nach Arbeit umsehen, um den, wie man seit Adam sagt, „immer teurer werdenden Zeiten" nicht zu unterliegen. Aus nichts anderem als daraus entwickelt sich die Frauenarbeit. 30 v. H. aller unsrer deutschen Frauen mußten schon vor dem Kriege mithelfen; ihre Zahl wird überall weiter steigen, denn Frauenarbeit kommt billiger als die der Männer zu stehen, läßt aber gleichzeitig diese, weil nun dringender nötig als vorher, vorteilhafter verwenden.

Dieser Strom ließe sich hemmen durch allgemein hinabzuschraubende Bedürfnisse. Allein die höheren Löhne und das immer mehr sich verbreitende Verdienen der Massen saugen, wie schon erwähnt, die Angebote auf, kommen der Nachfrage immer näher, und einmal ist auch wieder der Punkt erreicht, von dem ab die Nachfrage nicht mehr allein nach Arbeitskräften, sondern nach Waren das Angebot übersteigt. Preissteigerungen werden abermals die Folge und dann sind diese zum erstenmal wieder nur durch abermalige Mehrarbeit auszugleichen.

Dagegen könnte man nun einwenden, wenn alle Preise sich erhöhen, verdiene doch jeder mehr, die Wirkung könne darum nicht abermals Mehrarbeit sein. Dieser Einwand träfe nur dann zu, wenn das Bedürfnis, also der Verbrauch aller Waren, gleichzeitig und gleichmäßig an allen Orten eintreten würde. Der Begriff des Preissteigerns ist so: für eine bestimmte Menge Waren erhält man weniger andere Waren als früher.

Dreht man nun den Gedanken um, indem man den Begriff der vermehrten Arbeit mit dem Erhalt von weniger Ware bildet, dann mündet das Weiterdenken darüber wieder beim Bedürfnis ein. Mehrarbeit und Vermindern der Bedürfnisse zeigen sich somit als zwei gegeneinander gerichtete und im Leben stark wirkende Kräfte. Nachdem aber Mehrarbeit, das ist bewiesen, unumgänglich ist, und zwar in Form einer größeren Teilnahme der Massen an ihr, die mehr als früher verdienen, ist an ein Vermindern der Bedürfnisse gar nicht zu denken.

Wie Faust taumeln wir Menschen von Begierde zum Genusse und schmachten im Genusse nach Begierde, und immer ist die nächste größer als die vorangegangene. Das zeitlich erste Bedürfnis der Menschen, symbolisch ausgedrückt in Adams Verlangen nach Erkenntnis, barg den Fluch, bis ans Ende der Menschheit lawinenartig anzuschwellen und sich in immer mehr zunehmendem Heranziehen zur Arbeit auszutoben, Menschen und Tiere mit sich reißend.

Den Reichgewordenen, die sich ihrer dringendsten Bedürfnisse gar nicht mehr bewußt werden, erscheint das immer steigende Befriedigen der Bedürfnisse der Massen und das dadurch immer fließende Geld unästhetisch, und dennoch ist nur dieses die Triebfeder aller Arbeit, die Ursache eines fortschreitend wirtschaftlichen Lebens in unsrer Kultur, der Erhalter und Vermehrer des Reichtums der Reichen.

Geld, oder Geld in Form von Kapital, dessen einziger Zweck es ist, wirtschaftlich bewegt zu werden, erzeugt dadurch stets Mehrarbeit; diese erhöht das Einkommen der Arbeitenden und beide vermehren die Bedürfnisse; Mehrarbeit, erhöhte Einkommen und vermehrte Bedürfnisse steigern die Warenpreise und die Löhne für die Dienste.

Dieser Satz wird in der Folge kurz der vom bewegten Geld genannt. Da das Aufnehmen, Zinsen- und Rückzahlen von Staatsschulden sich nur im Bewegen von Geldeswerten durchführen läßt, müssen Staatsschulden alle die im Satz vom bewegten Geld behaupteten Ereignisse nach sich ziehen.

Sie müssen ferner eintreten, gleichgültig ob Geld gegeben oder genommen wird. Diese Ereignisse bilden den Stützpunkt unsers Betrachtens, der Satz selbst soll darum nun auch nach allen Seiten erwogen werden.

Das Tilgen von Schulden, so haben wir gesehen, erzeugt beim Zahler Angebote vor der Nachfrage. Das wachsende Bedürfnis saugt die Angebote auf und mit dem Augenblick, wo die Nachfrage das Angebot zu übersteigen beginnt, gebärt es auch schon wieder neue Arbeit durch neue Bedürfnisse.

Es ist nun zwar leicht einzusehen, daß Schuldenzahlen nur durch höhere Leistungen geschehen kann, nicht so ohne weiteres aber, daß das Schuldenzahlen auch Preissteigerungen für den Zahler im Gefolge hat. Dafür bietet nun die Handelsgeschichte zwei schlagende Beweise. Einen, der nur ganz wenig bekannt ist — für den Gang dieses Forschens aber auch nach anderer Seite hin treffend wie keiner ist —: die Zahlung der Kriegsschuld Preußens an Frankreich im Jahre 1807 auf Grund des Tilsiter Friedens und den andern, die Frankreichs an Deutschland 66 Jahre später.

Völlig niedergeschmettert, so erzählt uns Treitschke, von 5700 auf 2800 Quadratmeilen an Boden, an Einwohnerzahl von 9¾ auf 4½ Millionen verringert, mußte das damals arme Preußen das 18fache seiner Roheinnahmen, 350 Frcs. auf den Kopf seiner Bevölkerung, also fast 1½ Milliarden Frcs. aufbringen, um die unerbittlichen Sieger zu befriedigen. Nichts als sandigen Boden, dazu aber seine Intelligenz und Tatkraft als nicht zu raubende Quelle behaltend, ist diese zwangvolle Not Preußens und Deutschlands Glück geworden.

Mit nichts anderem als geringerem Gewinn am einzelnen Geschäft, aber durch höchstes Vermehren und Verbreiten der Arbeit konnte es bezahlen, hat aber damit alle Schichten seiner Bewohner zu den selbständigsten, freiheitlichst denkenden und arbeitsamsten Menschen der Erde gemacht. Das ist einer der Gründe, warum das deutsche Volk mit seinen Bedürfnissen geistiger Art, wie seinem Verbrauch in Nahrungsmitteln an erster Stelle steht. — Als 66 Jahre später das damals noch reichste Volk der Erde, die Franzosen, mit ihren Kolonien und ihrem am Weltmarkt so hoch bewerteten Geschmack nur dreieinhalbmal mehr, also auf den Kopf seiner damals 36½ Millionen zählenden Bevölkerung gerechnet nur 137 Frcs. zu zahlen hatte, sind auch in Frankreich der Rentner verhältnismäßig weniger geworden. Mehr Menschen als vorher mußten arbeiten und in dem blühenden Lande voll von Weinbergen, Blumen und Früchten entstanden immer mehr Schornsteine. Nur der natürliche Reichtum Frankreichs und die hohen Gewinne sind schuld daran, daß Frankreichs Söhne bisher noch nicht so schwer arbeiten mußten wie die der Deutschen.

Mehrarbeit aber forderte die Schuld hier wie dort gebieterisch, und wer die Preise der Waren und Werte und die Löhne seit dieser Zeit verfolgt, wird darum auch nur ihr Steigen, nicht ihr Sinken feststellen können. Damit ist freilich nicht gesagt, daß nicht auch ein Sinken der Warenpreise zeitweise und auch zum Teil für immer stattfände — das, worauf es hier ankommt, ist aber nicht, ob, sondern in welchem Verhältnis zum Steigen es vorkommt. Daß aber dieses das Fallen überwiegen muß, ist geschichtlich erwiesen und psychologisch aus den steigenden Bedürfnissen erklärlich.

In welchem Maße entweder die Arbeit eines Volkes zunehmen oder sein Gewinn abnehmen muß, wenn es Zahlungen zu leisten hat, für die es Gegenwerte nicht erhält, das zeigen die Ziffern aus dem französischen Staatshaushalt vom Jahre 1873 und die der Handelsbilanzen deshalb besonders deutlich, weil Frankreich nicht, wie man allgemein so oberflächlich ist zu glauben, die Kriegsschuld in Bargeld, sondern zum größten Teil mit Wechseln an Deutschland bezahlt hat, ferner weil die Handelsbilanzen der Franzosen sich einige Jahre lang nach dem Kriege dahin veränderten, daß sie mehr Waren heraus- als hineingebracht hatten. Sie konnten eben nicht, wie auch heute noch kein Staat, so hohe Summen in Hartgeld, sondern nur in Geldersatz und mit Waren bezahlen.

Nach Mathieu Bodet war der ungefähre Barbestand Frankreichs, zuzüglich des der Staatskasse, im Jahre 1871 5,6 Milliarden Frcs. Zu zahlen waren für den Krieg einschließlich der eigenen Kriegskosten, Entschädigungen an Bahnen, städtische und private Gesellschaften 9 507 365 550 Frcs., davon nach Deutschland einschließlich der Zinsen bis zum 5. September 1873, an welchem Tage die letzte Zahlung erfolgte, aber abzüglich der Ostbahn und einiger Nachlässe, 4 851 046 678 Frcs. Um diese Summen zahlen zu können, nahm Frankreich Anleihen auf und kaufte mit diesen von den Banken die vorhandenen Zahlmittel, als da sind Edelmetall, Noten und Wechsel und führte sie in dem Maße nach Deutschland, als dieses vereinbart hatte, sie anzunehmen. So wurden von der ganzen Schuld nur 617 Millionen Frcs. in Edelmetall, nicht weniger aber als 4246 Millionen Frcs. in 120 000 Wechseln verschiedener Währung bezahlt.*)

*) Dr. Georg Sydow „Theorie und Praxis in der Entwickelung der französischen Staatsschuld seit dem Jahre 1871“. Dr. Adolf Fellmeht „Zur Lehre von der internationalen Zahlungsbilanz“.

Nun schließen daraus immer wieder die, denen der Begriff und Zweck des Geldes nicht klar ist, Deutschland hätte, um die Summe in Gold zu erhalten, die Wechsel bis zum Verfall aufbewahrt. Das ist natürlich nicht der Fall gewesen. Schon das Aufbewahren der Wechsel, die, wie schon das Wort dafür sagt, den Besitzer wechseln müssen, hätte unnötige Zinsen verschlungen. Im Nutzen des Staates lag es aber, seine recht dringenden Bedürfnisse möglichst bald zu befriedigen, er hätte also mit Gold auch nichts anders, als es wieder herauszugeben, nur viel später anfangen können. — Warum sollen dann aber zum Zinsen- und Zeitverlust noch die sehr hohen Kosten des Beförderns von Gold kommen, nachdem mit Wechseln wie mit Noten bequemer und billiger bezahlt werden kann? Nun könnte man meinen, der Staat sollte die Verluste in Kauf nehmen, das Gold wie jetzt auf der Reichsbank ansammeln und dann könnte er auf Grund dieses Schatzes bedeutend mehr Noten ausgeben; ein solcher Staat wäre dann erheblich reicher als mit Wechseln. Das wäre verhängnisvoll für ihn. Dem Weltmarkt wäre dann auf einmal soviel Gold entzogen, daß die Noten, die Deutschland daraufhin ausgegeben hätte, sofort wieder bei der Reichsbank in Gold umgewechselt worden wären. Als Endergebnis wären dann geblieben: eine größere Zahl ungedeckter Noten und die beiden vorher genannten Verluste an Zinsen und Beförderungskosten. Würde aber, um das Gold zu halten, die Reichsbank grundsätzlich nicht Gold auf Noten geben, dann sänke ihr Wert im Welthandel auf Null und Deutschland würde dazu das im Verkehr noch befindliche Gold verlieren; denn niemand würde dann Noten annehmen. Daß die Reichsbanken der verschiedenen Länder jetzt trotzdem Gold aufstapeln und Noten nicht in Gold umtauschen, hat einen im Krieg liegenden Grund, den zu erklären nicht in diese Gedanken gehört.

Wir sehen aber hier sehr deutlich, daß die Aufnahme von Gold allein beschränkt und sehr vorsichtig bewertet werden muß, selbst dann, wenn man das Anrecht darauf erzwingt. Ja selbst Gold zu haben genügt allein nicht, man muß es auch unterbringen können und darum kann ein Land genau so wie eine private Gesellschaft an zu großem Kapital kranken.

Ueber die Wirkung der größten Zahlung, die je gemacht wurde, liegen darum auch Bände der verschiedensten Volkswirtschaftler und Finanztheoretiker vor. Der Streit, ob Deutschland oder Frankreich mehr Vor- oder Nachteile durch das Bewegen dieser Riesensumme hatte, ist noch nicht zu Ende und wird nun wohl wieder kräftig auferstehen. Nachdem wir uns aber schon klar darüber wurden, daß die zahlenden Staaten, d. h. sein Volk, den Verlust nur durch Zunahme seiner Erzeugnisse ausgleichen konnten, wenden wir uns nunmehr zu den empfangenden Staaten und untersuchen, inwiefern ihre Völker auch nach dem hier aufgestellten Satz vom bewegten Kapital Mehrarbeit und damit höhere Preise und gesteigerte Bedürfnisse ernteten.

Die, die gewinnen, sei es, daß sie Zahlungen erhalten oder die Gelegenheit günstig benutzen, billig einzukaufen, so könnte man annehmen, müßten die Arbeit für sich oder für andere vermindern. Sobald wir uns jedoch in das Wesen des Gewinnes vertiefen, sehen wir, daß auch dieser nur in Mehrarbeit und allen ihren Folgen bestehen kann. Nehmen wir den möglichst günstigen Fall an, jemand fände unvermutet im Boden seines billig erstandenen Grundstückes reichlich Gold. Gewiß ist der Besitzer des Grundstückes dann reich und braucht für seine Person nicht mehr zu arbeiten. Dem süßen Nichtstun kann er sich aber auch nur dann dauernd hingeben, wenn andere für ihn das Gold in Arbeit umsetzen, und zwar so, daß es jährlich Zinsen trägt. Die Mehrarbeit, die der Goldklumpen angeregt hat, verschwindet nie wieder, die Menschen sorgen dafür, daß das Anrecht darauf, selbst wenn das Gold zerstäubt ist, in juristischen Rechten darauf fortbesteht und dauernd bewegt bleibt. So ist es mit jedem Wertzuwachs. Jeder vermehrt die Menge an Arbeit und kann nur dann Wert haben. Genau so ist es, wenn einer durch billigen Einkauf Gewinne erhält; erst dann werden sie zu Gewinnen, wenn er oder andere damit arbeiten. Wenn also ein Staat gewinnt und mag es noch so hoch sein, die Folgen für das Wirtschaftsleben der Völker können keine andern wie die eben geschilderten vom Gewinn sein. Das wird besonders deutlich beim Empfang einer Kriegsentschädigung.

Der Empfänger einer solchen ist der Staat, der zunächst seine eigenen Kriegskosten decken und daran gehen muß, aus dem Erfahrenen seine Abwehrrüstung zu vermehren und zu verbessern. Er muß seine Anleihen verzinsen und zurückzahlen, einen ausreichenden Betrag für die Fürsorge bereitstellen, den Wiederaufbau des Zerstörten ermöglichen und den Ausfall an Einnahmen während des Krieges und unmittelbar nach ihm decken. Ob er viel darüber hinaus behält, ist bei den hohen Kosten eines Krieges und seiner Folgen höchst fraglich. Das, was also dem siegenden Staat aus einer solchen Zahlung Vorteil verschafft, kann nicht ein großer verbleibender Gewinn, sondern nur ein geringeres Maß von Arbeit sein, das es durch seine geringeren Schulden den zahlenden Staaten gegenüber erreichen kann. Nicht so durchsichtig sind die wirtschaftlichen Folgen dieses Vorteils für die Angehörigen des siegenden Staates. Wohl fließen die Geldwerte zunächst ins Land und verteilen sich darin, aber doch nicht so, daß nun jeder Einwohner wie beim Plündern, ohne etwas dafür zu leisten, seinen Anteil erhält, sondern der Staat verkauft das, was er nicht in Hartgeld erhält, und das ist weitaus das meiste, also die Noten und Wechsel aller Währungen an die Banken, deren Geschäft es ja ist, solche Werte zu kaufen und zu verkaufen. Diese suchen sie nun in möglichst günstigen Unternehmungen zur Arbeit anzutreiben; einen andern Weg, sie zu verwerten, gibt es nicht. Geld ist aber dabei billig geworden, und zwar im selben Masse der Zeit und der Menge, in der es untergebracht werden muß. Die Unternehmungslust steigt, und zwar so lange Geld mehr da ist als Ware, die jetzt mit dem billigen Geld, womit immer nur leicht erhältlicher Geld- oder Warenkredit zu verstehen ist, erzeugt oder dafür gekauft werden muß; d. h. aber nichts anders als Mehrarbeit und Steigen der Löhne.

Gleichgültig also, ob ein Staat zahlt oder empfängt, die Kraft, die er dabei wirtschaftlich aufs Volk ausüben muß, ist in ihrer Größe genau dieselbe; nur ihre Richtung ist entgegengesetzt. Beim zahlenden übt sie der Staat als Zug-, beim empfangenden als Druckkraft aus. Aber nun darf die Kraft des bewegten Kapitals nicht mit seiner Wirkung verwechselt werden. Die ist nach der Art des Gebietes verschieden, wo sie sich umwandelt und läßt sich so ausdrücken: Mehrarbeit entsteht irgendwo am Weltmarkt immer, ihr Maß in den einzelnen Gebieten hängt aber ab von der Höhe des Gewinnes ihrer Handelswerte. Fällt die Zugkraft des Staates in ein Gebiet, worin schon mit hohen Gewinnen gearbeitet wurde, kann sie sich beim Sinken dieser Gewinne in einer geringeren Zunahme an Arbeit ausleben als da, wo die Gewinne schon an der Grenze des Nötigen liegen und wo sich dann die bewegte Kraft allein nur mehr in Mehrarbeit umwandeln läßt. Umgekehrt wirkt die Druckkraft des Staates. Da, wo schon viel Arbeit, aber mit geringen Gewinnen für die einzelnen, oder schon sehr verteilten geleistet wurde, werden mehr die Gewinne als die Arbeit steigen. Wo aber schon hohe Gewinne die Regel waren, wird die Arbeit mehr als jene zunehmen. Gewinn und Arbeit bilden sich aus einem stets gleich bleibenden Wert, der der Summe des ab- oder zuströmenden Kapitals genau entspricht; steigt der eine der beiden Summanden, muß der andere fallen.

Zuströmendes Kapital wirkt wirtschaftlich auf die Seele des Volkes ähnlich wie auf die des einzelnen. Erbt ein Armer, dann wird seine erste Sorge die sein, seine Arbeit zu vermindern, wenn nicht aufzustecken; der Reiche dagegen, dem Ruhe und Gewinn allein nicht mehr Ziel sein können, weil er sie schon hat, wird bestrebt sein, das Ererbte möglichst nutzbringend anzulegen, also möglichst viel andere damit arbeiten, noch mehr erzeugen zu lassen. Den Gewinn sucht er nicht mehr als Selbstzweck, sondern als Mittel zu einem andern Zweck — zur Macht. Bei abströmendem Kapital dagegen muß der Arme mehr arbeiten, während es des Reichen Gewinne je nach seinen Bedürfnissen nur vermindert.

Nicht so durchsichtig zeigt sich die Folge des bewegten Kapitals bei den neutral gebliebenen Ländern, denn da treten zwei wichtige Fragen bestimmend in den Gang der zukünftigen Ereignisse. Erstens ist zu unterscheiden, ob die neutralen Staaten des um sie herumtobenden Krieges wegen Schulden sich auferlegen mußten; dann aber ist zu untersuchen, in welchem Maße und worauf die Bedürfnisse gestiegen sind, was wiederum wesentlich mit der Art der Waren zusammenhängt, die während des Krieges nur mehr in die neutralen Staaten gelangen konnten. Mußten sie Schulden machen, können sie sie nur wie die zahlenden Staaten, also durch Mehrarbeit, tilgen, es sei denn, daß sie durch Kriegslieferungen entsprechend hohe Gewinne erhielten, die die Mehrarbeit verringern. Außerdem zieht aber die Kapitalbewegung innerhalb der wieder friedlichen Staaten und zwischen ihnen auch bei den neutralen tiefe Furchen. Wenn auf der Welt nur zwei Staaten miteinander Krieg führen, geht der Handel der inzwischen im Frieden verbliebenen fast ungestört weiter. Tritt nun plötzlich die Zahlung einer Kriegsentschädigung oder das Tilgen der Schulden innerhalb der Staaten ein, dann muß der Schuldner, um zahlen zu können, nicht nur dem, dem er schuldet, seine Waren billig anbieten, sondern aller Welt. Er stürzt somit die Weltmarktpreise so lange, bis das durch die Mehrarbeit des unterlegenen oder verschuldeten Staates hervorgerufene Mehrangebot dem siegenden Staat durch die inzwischen bei ihm gestiegenen Arbeitslöhne und Preise aufzusaugen möglich ist. Erzwungene Wertbewegungen spielen sich am Weltmarkte nicht anders ab als an einem kleinen. Wenn z. B. in einer Stadt das große Lager eines Händlers zwangsweise versteigert werden muß, müssen die in dieser Stadt zahlungsfähig gebliebenen Konkurrenten ihre Preise herabsetzen, wenn sie nicht das Lager aufkaufen. Verlust ist immer da; er kann nur durch Mehrarbeit ersetzt werden. Das Zahlen großer Schulden des Staates ans Volk oder in Form von Kriegsentschädigungen sind darum riesigen Zwangsversteigerungen gleich zu achten. Den Verlust am Gewinn trägt also nicht ein Land allein, sondern alle Welt, und er gleicht sich zwangsweise nur durch Mehrarbeit aus; nur ihr Maß ist verschieden verteilt.

Wenn zwei Staaten sich bekriegen, während alle übrigen neutral bleiben, so wurde vorhin gesagt, dann können die Neutralen ihrem Handel in ziemlich ungestörter Weise nachgehen. Das nach dem Frieden einsetzende Ueberfluten des Weltmarktes vom Verlierenden zunächst mit Waren, beim Siegenden mit Geld, braucht dann länger, bis die Flut durch Nachfrage aufgesaugt ist, als wenn, wie dies jetzt der Fall ist, durch einen Weltbrand der ehemalige Handel aller Staaten verändert ist, ja stellenweise gänzlich aufgehört hat und fast alle Staaten nun sich anschicken müssen, ihre Schulden zu tilgen. Da dies allein nur durch vermehrtes Erzeugen von Waren und deren Verhandeln möglich ist, ist eine treibende Kraft dazu in um so höherem Maße vorhanden, als Staaten der Zahl nach im Kriege lagen und Schulden aufgehäuft haben.

Die Folge davon ist also die, daß der Druck jener vielen Staaten, die Schulden aufnehmen mußten, gleichgültig, ob sie Krieg führten oder neutral geblieben sind, auf die wenigen, die die ihren nicht zu vermehren brauchten, sich in Mehrarbeit bei den Schuldnern so stürmisch verwandeln muß, daß den schuldenfreien die notwendige Zunahme ihrer Arbeit entzogen wird. Es ist klar, daß nach dem gelöschten Weltbrand die kriegführenden wie die in der Nähe befindlichen neutralen Staaten mehr Bedürfnisse zu befriedigen haben werden als die entfernter liegenden. Nun kommt aber noch hinzu, daß in die durch's Meer vom Kriegsschauplatz getrennten Länder während des Weltkrieges überwiegend nur eine Ware mangels andrer, nämlich Geld und unmittelbarer Geldeswert im Ueberfluß geströmt ist. Da aber dort diese Werte nicht der Staat, sondern das Volk erhielt, fehlt der Druck des Staates, das Geld in Arbeit im eigenen Lande zu verwandeln, also seine Bürger sich zu Schuldnern zu machen. Obwohl durch den Goldzustrom die Warenpreise und Löhne gestiegen sind, folglich die Arbeit nicht abnimmt, so vermehrt sie sich aber nicht wie in den verschuldeten Ländern, denn die saugen nun das Geld, weil es für sie weniger, also teurer geworden ist, d. h. mehr Zinsen trägt, von da, wo Ueberfluß ist, wieder ab; sie werden dadurch neue Schuldner, müssen also für das Entliehene Arbeit leisten. Wir sehen also, es ist das Umwandeln von Geld in Schulden, die Mehrarbeit für den schaffen, der sie macht und sie dem erspart, der Geld geben, d. h. andere dafür arbeiten lassen kann. Damit klärt sich der Einfluß, den der Staat als Glied zwischen Geld und Volk wirtschaftlich so vorteilhaft ausübt. Man kann also sagen, macht der Staat Schulden beim Volk, muß der Staat arbeiten, der aber ist selbst das Volk; macht das Volk Schulden bei seinem Staat, indem dieser z. B. Kriegsentschädigungen dem Volk in Form von Aufträgen gibt, muß wiederum das Volk arbeiten. Fehlt der Staat aber als Zwischenglied, wandert das Geld dahin, wo es die größten Zinsen trägt, also dorthin, wo Bedürfnisse gleichzeitig nach Waren wie nach Geld am höchsten sind, nämlich zu dem Staat, der Schulden zahlen muß. Auch hierfür findet sich in der Handelsgeschichte ein überzeugender Beleg. Frankreich, das nach dem 70er Kriege in der oben geschilderten Lage war, mußte, um seine Schulden bezahlen und wieder Arbeit vergeben zu können, am 20. Juli 1872 eine zweite Anleihe mit 84,5 Frcs. zu dem außergewöhnlich günstigen Zinsfuße von 6,06 Proz. eröffnen. Die Höhe dieser Zinsen reizte so stark, daß schon im Laufe zweier Tage nicht weniger als 43,816 Milliarden Frcs. gezeichnet waren. Paris übernahm 13,2, das übrige Frankreich 4,5 und das Ausland nicht weniger als 26 Milliarden, das sind fast 60 v. H. der Summe.*) Obgleich nun Frankreich nicht annähernd den ganzen Betrag verwerten konnte und die aufzunehmende Summe da von vornherein auf 9 Milliarden begrenzt war, das Angebotene somit nicht annähernd Aufnahme finden konnte, so zeigt es doch den ungeheuer starken Druck, unter dem Geld da hinströmt, wo es am günstigsten Arbeit findet — zeigt aber auch die mangelnde Kenntnis französischer Finanzleute über die wirtschaftlichen Gesetze, was dem französischen Volk der viel zu günstigen Zinsen halber teurer als nötig zu stehen kam.

Wir haben nun den Einfluß des bewegten Kapitals auf das Volk der zahlenden und der empfangenden Staaten kennen gelernt, sahen den Staat als den geeignetsten Umwandler des Kapitals und fanden, wo immer wir suchten, wie Schulden oder Gewinne aus Kapitalbewegungen auszugleichen oder zu erhalten sind, als gangbarsten Ausweg nur einen offen: die fruchtbare Mehrarbeit mit ihren Folgen des Zertrümmerns und Verteilens von erhöhtem Kapital auf die Massen, womit ein Sinken des Geldwertes, das heißt ein höheres Bewerten der Arbeit einherzieht. Daran ändern nichts die zeitweisen gegenläufigen Einflüsse im Preise gesunkener Warengattungen und Löhne; sie sind nur örtlich und zeitlich begrenzt. Die Summe der Mehrarbeit, die sich die Menschen aufgebürdet haben, geht nicht mehr zurück, nur ihre einzelnen Teile verschieben sich in ihrer Größe, im ewigen Hin und Her von Angebot und Nachfrage.

---

*) Dr. Georg Sydow „Theorie und Praxis in der Entwickelung der französischen Staatsschuld seit dem Jahre 1871".

Aufgabe ist darum jetzt, sich klar zu werden darüber, ob mit der Zeit, in der ständig wechselnd wie zwei gleiche, gegeneinander schwingende Pendel Angebot und Nachfrage zu einander und von einander gehen, die Menge des Angebotenen größer oder kleiner wurde, oder ob sie gleich geblieben ist. Nach dem entwickelten Satz vom bewegten Kapital kann kein Zweifel mehr bestehen: die pendelnden Bewegungen lassen nur eine Möglichkeit zu: die Menge muß wachsen. Die Stärke des Anstoßes aber, den die angehäuften Schulden neuerdings gegeben haben, muß den Punkt, an dem Angebot und Nachfrage sich immer gleich werden, öfter als früher erreichen lassen. Während eines Krieges ist das sonst sehr regelmäßige Hin und Her von Angebot und Nachfrage völlig zerstört; man hat es nur mit dem einer rasenden Nachfrage nacheilenden Angebot zu tun; gewaltige Geldsummen müssen in Arbeit und Ware in kürzester Zeit verwandelt werden und jeder, der da mitzueilen versteht, rafft Gewinne auf: die Völker der Kriegführenden im eigenen Lande, die Neutralen durch Oel ins Feuer gießen, das ihnen selbst bei den unverschämtesten Preisen noch willig bezahlt wird. Sobald aber wieder Friede auf der Welt ist, hört diese leichte Art zu verdienen überall auf; der Gang der beiden Pendel kommt wieder in Ordnung. Der Seidenhändler, der jetzt mit Metallen, der Klavierhändler, der mit Geschoßkörben reich wurde, beschäftigt sich wieder wie früher; die Vermietbüros und die Warenhäuser, die eiligst „Abteilungen für Heeresbedarf" eröffnet haben, werden diese schließen müssen, und all die andern biederen Händler werden keine so leichtgläubige, rasch zahlende Menge mehr finden, die sich steigende Preise selbst für solche Waren, die im Ueberfluß im Lande sein müssen, mit Krieg und Patriotismus begründen und aufschwätzen lassen; denn mit dem Aufhören der hohen und raschen Gewinne ist auch die Kauflust der Menge verschwunden. Jeder setzt sich schleunigst wieder auf seinen Geschäftszweig und muß mit vernünftigen Preisen und mit dem, wovon er wirklich was versteht, seinen Handel erheblich vergrößern; denn die höheren Steuern fangen dann an, empfindlich zu drücken.

Wohl sehen auch wir jetzt mit den Kaufleuten den einzig möglichen Weg, noch wissen wir aber nicht, ob er gangbar ist. Der Zweifel, ob die Menschen noch mehr als früher arbeiten und immer noch mehr aufnehmen können, hemmt unser Vorwärtsstürmen. Nicht aber bei dem einzelnen, der schon überbürdet ist oder satt zu essen hat, dürfen wir uns schon jetzt aufhalten, sondern immer noch in bezug auf die ganze Menschheit, unbekümmert um die Nationen, müssen wir erst die Frage lösen.

Der Großstädter, der die amtlichen Listen der Einkommenverhältnisse der verschiedenen Bewohner der Erde durchstöbert, gerät immer mehr in Staunen, wie verhältnismäßig wenig Menschen soviel verdienen, wie er glaubt, daß zum Leben mindestens erforderlich sei. Nehmen wir als Anhaltspunkt dieses Betrachtens die Preußen heran, weil bei ihnen, als einem der arbeitsamsten Völker der Erde, im Verhältnis zu andern Völkern die größten Massen verdienen müssen, dann finden wir unter 15,7 Millionen Erwerbenden über die Hälfte, nämlich 8,15 Millionen steuerfrei, also solche, die nicht mehr als 900 Mk. jährlich haben. Und da Preußen 18,5 Millionen Menschen zwischen 21 und 60 Jahren hat, die arbeiten könnten, können es sich da immer noch 3 Millionen gestatten, wobei allerdings die 7 Millionen Ehefrauen mit erwogen sind, gar nichts zu erwerben. Ist das Verhältnis nun schon so in Preußen, wo es den Anschein hat, als ob jeder arbeitete, dann darf man wohl annehmen: in andern Ländern können noch weit mehr zur Arbeit und zu Bedürfnissen herangezogen werden. Mit der Zahl der Bedürfnisfähigen oder zu Bedürfnissen Heranzuziehenden ist aber die Frage noch lange nicht erschöpft. Denn man darf ja nicht meinen, die Arbeitenden seien am Sättigungspunkte angelangt und das notwendige Mehr der Bedürfnisse könne allein nur von neu zur Arbeit hinzugekommenen Massen aufgesaugt werden. Ganz im Gegenteil, je mehr einer arbeitet, desto mehr steigen seine Bedürfnisse, und darum ist jetzt zu unterscheiden wonach.

Das den Menschen als Waren und Werte nötig Erscheinende teilt sich in Lebensmittel, Rohwaren, Fertigwaren, geistige Werte und Dienste. Da zeigt sich nun ein gewaltiger Unterschied zwischen der Lage des möglichen Sättigungspunktes. Die Lebensmittel erreichen nämlich diesen bei einer gewissen Kulturstufe sehr bald. Er kann beim einzelnen aus körperlichen Gründen nur bis zu einer bestimmten Höhe steigen, und die Grenze der Aufnahmemenge läßt sich nach der den Menschen zulässigen Zufuhr an Eiweiß feststellen. Ist zwar nun die Aufnahmefähigkeit an Lebensmitteln bei allen Menschen und den Nutztieren noch lange nicht erreicht, so ist die doch mit der Zahl der Esser begrenzt. Unbegrenzt dagegen ist die der Fertigwaren, der übrigen Werte und Dienste, weil damit vorwiegend die geistigen Bedürfnisse der Menschen befriedigt werden, der Geist aber keine Grenzen kennt. Den Rohwarenverbrauch sehen wir dann gänzlich im Gefolge des der Fertigwaren und so ist nun wohl der Zweifel behoben, als könnte es je an Mehrarbeit und damit an Bedürfnissen fehlen.

Befreit von der Sorge, der Weltbrand könnte den Menschen ihr Brot nehmen, und sie in adamitische Zustände zurückwerfen, kommt ihnen die Erkenntnis, daß sie im Gegenteil mehr als vorher und ihnen lieb sein mag arbeiten müssen.

Doch ein garstiges Gespenst verwehrt den Flug in die Zukunft. Von der Teilnahme am Welthandel sollen die Deutschen und ihre Freunde ausgeschlossen sein. Der Haß ist so groß auf sie, daß man droht, ihnen auch nach dem Kriege keine Waren mehr abzukaufen, und da man weiß, daß sie sie mit ihrer Intelligenz billiger als die andern herstellen und so Abtrünnige zum Kaufen verleiten könnten, sollen ihnen auch die Rohwaren nicht mehr geliefert werden. Wir sehen hier ganz ab von der Frage, ob die Teilnahme am Weltmarkt durch die Gewalt der Waffen erzwungen werden kann und kümmern uns nur darum, ob so ein aus dem Gemüte kommendes Drohen wirtschaftlich durchführbar wäre. Da kein Staat, ja nicht mal die ganze Welt, soviel Hartgeld hat, um die seit Kriegsausbruch neu entstandenen Staatsschulden, geschweige denn aus reichende Kriegsentschädigungen in Hartgeld zu zahlen, kann nur mit Waren, d. h. mit Arbeit bezahlt werden. Wenn also ein Staat auf Kriegsentschädigung rechnet, so bleibt ihm aber auch gar nichts anders übrig, als Waren abzunehmen und dafür wieder Waren zu geben, weil er Kriegsentschädigungen nur aus dem Gewinn dieses Tausches erhalten kann. Völker, die so nicht tauschen wollen, müssen, so sollte man meinen, den Gedanken einer Entschädigung schon aufgegeben haben. Wirklich hören wir auch, in England hätte sich eine Anti german league gebildet, deren Mitglieder nie wieder Deutschlands Waren an Englands Küsten sehen wollen. Und ähnlich sollen auch die Köpfe einiger russischer und französischer Händler und ihrer Freunde verwirrt sein. Man kann sich recht gut vorstellen, daß solchen Vereinen Gevatter Hut- und Handschuhmacher begeistert beitreten, weil sie nur in eins verbohrt sind, nämlich, den unbequemen, verhaßten, deutschen Wettbewerb loszuwerden, die Folgen aber auch nur zu ahnen gar nicht in der Lage sind.

Wie ein Medizinmann denkt, der die Cholera seines Häuptlings durch Tänze und Schlachtopfer zu heilen glaubt, statt mit Wissenschaft den Bazillus zu vertreiben, so denken eben heute noch mangels jeden Verständnisses, nur getrieben vom Gemüt, die meisten Kaufleute. Das ist die traurige Folge, wenn ein Beruf so gänzlich von der Wissenschaft verlassen ist wie der des Händlers. Nur ein so trostloser Zustand kann all die Hoffnungen gebären, mit denen sich unsre feindlichen Wettbewerber eine rosige Zukunft erträumen und deretwegen sich bei uns nicht wenige ängstigen.

Siegt der Haß oder die Notwendigkeit, den früheren Handel wieder herzustellen und ihn zu vermehren? Das ist die Frage. Ohne Zweifel, der Haß, eine aus dem Gemüt kommende vom Verstande meist verlassene Leidenschaft, wird die Wiederaufnahme des Handels besonders in der ersten Zeit erheblich zu verhindern suchen; das Verfolgen unschuldiger Deutscher in den feindlichen Ländern, das an das der Juden im finstersten Mittelalter so lebhaft erinnert, das Einstellen aller Schuldenzahlungen wird lange dauernde Spuren hinterlassen und alle Nationen zu ganz besonderen Vorsichtsmaßregeln gegeneinander zwingen. Den Versicherungsgesellschaften erblüht ein neuer Zweig; denn der Kredit, das unentbehrliche Mittel des Handels, muß auf zuverlässigere Unterlagen gestellt werden. Allein die Menschen vergessen nicht nur sehr bald die tatsächlichen und vermeintlichen Unbilden des Lebens, die Ansichten ändern sich und ganz besonders dann, wenn der Vorteil winkt oder gar der Nachteil fühlbar wird. Gegen den Haß gesellt sich zur Notwendigkeit dann die Selbstsucht in dem Kampfe und sie erwürgt im eigenen Lager seine Kraft. Die Selbstsucht und die Notwendigkeit des Handels müssen darum ihrer Stärke nach untersucht werden.

Vor uns steht immer noch die ungeheure Schuldenlast fast aller Staaten und der Zwang, mehr und wirtschaftlicher zu arbeiten als vorher, gleichgültig, wer als Sieger aus dem Weltbrand hervorgeht. Von allen müssen darum mehr als vorher Güte und Preis der zu kaufenden Waren und nicht das Persönliche des Verkäufers beachtet werden. Wollen nun unsre Feinde die Absicht durchführen, Deutschland und seine Freunde auszuschalten, so bedeutet dies für sie einen Ausfall von mindestens 6,5 Milliarden Mark beim Verkauf und etwa 7 Milliarden Mark beim Einkauf jährlich.

Nach dem Satz vom bewegten Kapital, den politische Maßnahmen nicht verhindern, müßten bei getrennter Wirtschaft sowohl wir wie unsre Feinde der Schulden und ihrer Folgen halber noch mehr Arbeit leisten, als bei gemeinschaftlicher allen Völkern nach dem Weltbrande sowieso schon aufgebürdet wird.

Wenn nämlich zwei Gruppen, gleichgültig, ob sie Völker oder nur einzelne Kaufleute bilden, Waren miteinander getauscht haben, dies aber nun abbrechen wollen, gleichzeitig aber ihren Ein- und Verkauf zu erhöhen gezwungen sind, dann müssen die Warenmengen, die beide vorher gegeneinander getauscht haben, notwendigerweise von jeder der Gruppen oder bisher davon unberührt gebliebenen Dritten geliefert, beziehungsweise abgenommen werden. Die Dritten können außerhalb der beiden Gruppen Stehende, im Welthandel also die Neutralen, sein; Dritte könnten sich aber auch ohne die Neutralen innerhalb jeder der beiden Gruppen bilden. In dem Falle müßten dann die Waren, die früher die erste Gruppe der zweiten geliefert hat, von der ersten selbst aufgesaugt werden, wie es umgekehrt die zweite Gruppe mit ihren nicht mehr an die erste zu liefernden Erzeugnissen tun müßte. Natürlich müßte dann aber auch jede der beiden Gruppen das, was sie bisher voneinander bezogen haben, selbst herstellen. Ob nun die Dritten die Neutralen sind, ob jede der Gruppen selbst den Dritten ausschließlich oder gemischt mit Neutralen bildet: auf alle Fälle stiege mit dem Verweigern der früher bezogenen und gelieferten Warenmengen beider Gruppen Angebot und Nachfrage auf mindestens das Doppelte. Der Dritte würde in gleichem Maße billiger ein- und teurer als vorher verkaufen. Den Schaden tragen sonach die beiden, die nicht mehr wie früher tauschen wollen, zu Gunsten des Dritten. Da der Dritte bei den ungeheuren in Ausfall kommenden Mengen eine der feindlichen Gruppen allein niemals sein kann, wäre das neutrale Ausland der Gewinner.

Da der leitende Gedanke des hier eben Vorgebrachten dicht vermengt mit vielen andern Gedanken ist, ohne diese aber nicht in Worten dargestellt werden kann, soll er nun durch ein Beispiel deutlich gemacht werden. Wir nehmen zwei Länder und am besten je eine der Warengattungen heraus, auf deren Austausch beide Länder bisher angewiesen waren. Deutschland hat England Farben geliefert, England nach Deutschland Kleiderstoffe. Beide tauschen miteinander nicht mehr, wollen aber ihren ehemaligen Handel auf gleicher Höhe halten. Dann muß England seine Stoffe den Neutralen liefern, wie dies dann auch die Deutschen mit ihren Farben tun werden. Da die Neutralen weder die Kleiderstoffe noch die Farben aufsaugen können, liefern sie sie dahin, wo sie gebraucht werden, nämlich den Deutschen die Stoffe, den Engländern die Farben. Dadurch werden aber beide Waren um den Zwischengewinn der Neutralen, die höheren Kosten für das Befördern, das öftere Umladen und das Lagern verteuert. Für die Neutralen könnte es deshalb vorteilhaft werden, Kleiderstoffe und Farben statt sie von England und Deutschland zu kaufen und denen den Erzeugungsgewinn zu lassen, selbst herzustellen. und den Deutschen und Engländern, je nach ihrem Bedarf, eigene Erzeugnisse zu liefern. Dann hätten England und Deutschland den Teil ihrer Industrien verloren, womit sie sich früher gegenseitig beschäftigten und einen großen Gewinn herauszogen. Da sie aber ihren Handel, das heißt ihren Gewinn, nicht verkleinern dürfen, wäre England wie Deutschland gezwungen, das, was sie voneinander nicht mehr beziehen und aneinander verkaufen wollen, selbst zu erzeugen: England Farben, Deutschland Kleiderstoffe. Dadurch kommen aber dann die für England überflüssig werdenden Farben der Deutschen und die von diesen nicht mehr gekauften Kleiderstoffe der Engländer am Weltmarkte zum Vorschein. Es entstände somit ein solches Ueberangebot an Farben wie an Kleiderstoffen, daß es nur durch ein Sinken der Verkaufspreise beider Waren verschwinden könnte. Für beide Länder würde also der Gewinn beim Verkauf stürzen, und zwar zu Gunsten des Dritten, der beide Waren billig erstehen kann. In dem Falle würde aber nicht nur der Gewinn beim Verkauf sinken, sondern es würden sich die Erzeugungskosten beider Waren erheblich steigern und dies wiederum zu Gunsten des Dritten. Da nämlich Kleiderstoffe wie Farben aus Rohstoffen hergestellt werden müssen, beide aber jetzt sowohl in Deutschland wie in England in ungleich größeren Mengen als vorher erzeugt werden, steigt die Nachfrage nach den Rohstoffen dafür im selben Maße wie Farben und Kleiderstoffe mehr erzeugt werden. Die Rohstoffe, die der Dritte liefert, wären somit bei der erhöhten Nachfrage nicht mehr so billig zu haben wie früher. Für Deutschland und England würde also der Gewinn beim Verkauf ebenso sinken, wie die Kosten beim Erzeugen steigen, während dieser doppelte Verlust an je einer Warengattung sich beim Dritten immer als Gewinn ergeben müßte. Nehmen wir nun den nur theoretisch denkbaren, in der Tat nicht möglichen Fall an, daß der Dritte sowohl in England wie in Deutschland je eine Gruppe ist, das heißt, daß die Rohstoffe zu den Farben und Kleiderstoffen in genügender Menge in England und in Deutschland zu haben wären und dort auch beide Fertigwaren untergebracht werden könnten, dann allerdings hätte weder das englische noch das deutsche Volk einen Verlust. Immerhin wäre aber daran noch nichts geändert, daß der Gewinn für die Farben wie für die Kleiderstoffe, wie vorher geschildert, in zweifacher Richtung sinken würde, nämlich beim Einkauf wie beim Verkauf. Den Verlust würden also die Erzeuger, den Gewinn die Rohstofflieferer und die Käufer der Waren erhalten. Damit träte aber ein derartig ungünstiges Verschieben zu Lasten der Farben- und Kleiderstofferzeuger ein, daß ihre Industrien nicht mehr lebensfähig wären. Sie würden vom Auslande, das mit höheren Gewinnen die nötigen Fortschritte beim Erzeugen dieser Waren leichter machen kann, rasch überholt werden.

Man sieht also daraus, die Einkaufspreise der Rohstoffe würden bei getrennter Wirtschaft für die Hersteller der Fertigwaren ebenso gewaltig steigen wie der Erlös aus ihnen beim Einkauf sinken müßte; denn dann lägen Nachfrage wie Angebote von zwei, statt wie früher von einer Gruppe vor; der Kundenkreis wäre verkleinert, gleichzeitig aber auch das Angebot dafür vergrößert worden. Ferner wäre die Auswahl, wo man am besten ein- und wo man am vorteilhaftesten verkaufen kann, für beide Gruppen gesunken. Die Neutralen, nicht gebunden an den Zwang, das Gemüt mit in den Handel zu nehmen, würden vorteilhafter arbeiten können, weil sie in der Auswahl ihrer Kunden und Lieferer lediglich dem Satz vom geringsten Arbeitsaufwand bei größter Wirkung folgen können. Wenn also England und sein Gefolge mit Gemüt statt mit Gefühl und Verstand ihre Schuldenlast tilgen wollen und einen so großen Käufer und Lieferer, wie ihn die Mittemächte darstellen, ausschalten, handeln sie genau so wie der Direktor einer großen Gesellschaft, der nicht berechtigter, geschäftlicher Gründe wegen, sondern nur aus Laune in dem Augenblick seine besten Kunden abschüttelt und neue erst aufsuchen will, wo er das Kapital vergrößerte und gezwungen ist, seinen Absatz zu erhöhen. Einen solchen Mann würde man wegen Unfähigkeit entlassen. Kein durch den Krieg im Handel erschöpfter Staat kann ein solches Verschwenden von Arbeit und das gleichzeitige Erniedrigen der Gewinne vertragen. In einer Zeit, in der alle Staaten gewaltig mehr leisten müssen als früher, bräche der Versuch schon bei Beginn kläglich zusammen.

Dazu tritt aber noch ein weiteres Erschweren. Der Austausch von Waren nämlich, wie er sich seit Jahrhunderten zwischen den Ländern gebildet hat, ist bereits am besten Wege, sich nach dem Naturgesetz von der günstigsten Ausbeute einzustellen, das heißt nach der Lehre Ricardos, je nach den Bodenverhältnissen, der geographischen Lage und der geistigen Veranlagung der Völker leisteten sie bis jetzt das, was ihnen am billigsten zu stehen kam, und bezogen von andern das, was sie nicht so vorteilhaft herstellen konnten. Rußland ist der Lieferer von Lebensmitteln gewesen; seine Einfuhr bezahlte es fast ausschließlich mit Getreide, Eiern und Geflügel, und es kaufte dafür vorteilhafter seine Maschinen im Auslande, als wenn es sie selbst hergestellt hätte. Frankreich fand dagegen den höchsten Gewinn bei Waren, bei denen es im Geschmack des Geistes und des Gaumens führend war, während Deutschland auf dem Gebiete seiner Fertigwaren, Maschinen, Instrumente, chemischen und medizinischen Waren Unerreichtes leistete und merry old England mit seiner großen Flotte, von allem das Beste nehmend ganz natürlich und gut dafür geeignet war, einen schwungvollen Handel damit zu treiben. — Den Absatz landwirtschaftlicher Waren plötzlich von einem Lande wegzunehmen, um ihn in andere, weiter entfernte Länder unterzubringen, stößt, meist schon beim Befördern, auf unmögliche Kosten, jedenfalls aber an die unübersteigbaren Grenzen der Aufnahmefähigkeit, die dieser Art Tauschmittel eng gezogen sind. Diese Waren nahmen aber bisher in Rußlands Ausfuhr den breitesten Raum ein und gingen ganz naturgemäß zum größten Teil in die an Rußland grenzenden Länder. Mögen die Engländer und Franzosen nun die Russen noch so sehr ins Herz geschlossen haben, sie können ihnen zuliebe dennoch nicht mehr Gänse und Eier verdauen als vorher; sie würden nicht wissen, wohin mit all der Gerste, wovon die Russen ein Viertel ihres Wachstums, also für 160 Millionen Mark, das sind 90 v. H. der russischen Gerstenausfuhr an Deutschland abgaben; noch würden die Engländer des den Deutschen nicht mehr gegönnten russischen Roggens wegen das dann überflüssig werdende Schwarzbrot aufessen wollen. Die Russen aber, die fast die Hälfte ihrer gesamten Ausfuhr an Deutschland abgaben und fast ebensoviel der Einfuhr davon bezogen haben, kämen in die größte Verlegenheit, wohin und woher die nötigen großen Mengen zu verhandeln wären; ihre Gewinne würden bei dem Ueberangebot der eigenen Lebensmittel im In- wie im Ausland gewaltig fallen und für das, was sie dafür eintauschen müssen, stiegen die Preise wegen des verringerten Angebotes vom Auslande her ins Unerschwingliche. Zahlmittel und Kaufkraft fehlten, womit die Russen ihren Freunden die so leicht gemachten Schulden bezahlen können, während die nun dringender denn je darauf warten. Wollte aber gar der Russe in nächster Zukunft Maschinen und Instrumente selber bauen, womit will ihn dann England und Frankreich beglücken, nachdem nicht anzunehmen ist, daß sich sobald jeder Russe nach der neuesten Mode des Hydepark kleiden wird, oder daß er den Franzosen die auf dem langen Weg verwelkten, teueren Gemüse und Blumen abnimmt und beim Alkoholverbot nicht mal mehr für die köstlichen Weine und Liköre Frankreichs einen Sinn aufbringen darf? Wohin aber wollen dann die Engländer und Franzosen mit ihren Waren, wenn sie ihnen die Russen nicht abnehmen können und sie sie den Deutschen und ihren Freunden nicht mehr in Tausch geben wollen? Woher nimmt dann der Engländer die fehlenden Mengen seines Ein- und Verkaufs, um seine riesige Handelsflotte voll zu beschäftigen, bis er, die Franzosen und Russen, die Italiener, Serben, Montenegriner und Japaner so weit sind, all die Waren billiger und besser herzustellen und dafür soviel aufzunehmen, wie nun seit Jahrzehnten die Deutschen und ihre Freunde?

Mehr wie ehedem werden durch die Last der Schulden alle Geschäftsleute gezwungen sein, rücksichtsloser denn je die Waren und Dienste zu kaufen, die die höheren Gewinne lassen, und so lange dies nur die des Deutschen ermöglichen, brauchen die sich keine Sorge um ihren Absatz zu machen. Ja, hätte es der Engländer verstanden, ohne sein Eingreifen die Europäer in Krieg und Schulden zu stürzen, dann hätte er den Vorsprung, die seinen nicht erhöht zu haben; seine hohen Löhne wären dann von denen der Deutschen eingeholt worden; nun aber ist das Verhältnis mindestens gleich geblieben, und weil ihm wie seinen Freunden außerdem die Schulen, die Fabriken, die Arbeiter und all die Grundlagen für das vorteilhafteste Herstellen von Fertigwaren fehlen, so fragt man sich vergebens: womit und wo wollen die Außenmächte den verschmähten Handel der Mittemächte ersetzen, wie wollen sie die verringerten Einnahmen ihrer Schiffe und Bahnen, ihrer Zölle und Steuern anders woher erhalten, selbst wenn sie das nötige, ganz gewaltige Vergrößern all dieser Einnahmen sich nur im Erhöhen der Raten erhoffen und an das nötige Vergrößern des Handels noch gar nicht denken?

Ein Blick in die Statistik des Welthandels zeigt, wie alle

Handel treibenden Völker aufeinander angewiesen sind, und zwar so stark, daß ein rasches, gewaltsames Trennen ein allseitiges Verbluten bedeutet. Der Wille der Außenmächte, Deutschlands Handel auszuschließen, könnte, so müßte man nun folgern, vielleicht mit der Zeit durchzuführen sein. Aber auch daran ist nicht zu glauben. Frankreich, das nun seit 20 Jahren mit Rußland eng verbunden ist und dafür Milliarden seinem Gemüte und diesem Lande opferte, hätte die beste Gelegenheit gehabt, zu zeigen, ob sich ein vornehmlich daraus genährter Wille dem Handel aufdrängen läßt. Aber Frankreichs auffallend unbedeutende Wareneinfuhr nach Rußland, so schreibt S. Zuckermann, stieg von 28,1 Millionen Rubel trotz aller Freundschaft nur auf 56; England, das noch in der 80er Jahren des vorigen Jahrhunderts im Außenhandel Rußlands führend war, brachte die Einfuhr dorthin von 1894—1913 von 132,8 Millionen Rubel nur auf 170. Deutschland dagegen, dem nur steigender Haß in Rußland begegnete, erhöhte seine Einfuhr in dieses Land und in der gleichen Zeit von 143 auf 642,8 Millionen Rubel; es lieferte also unmittelbar vor dem Kriege fast ebensoviel wie alle übrigen ausländischen Staaten zusammen. Und ähnlich war es in den übrigen Ländern. — Der Handel geht eben andere Wege als die, die einige Heißsporne glauben vorschreiben zu können; denn gegen ein Naturgesetz läßt sich siegreich nie kämpfen. Aus dem Handel entstehen Händel und wenn auch nicht allein daraus, so doch im gleichen Verhältnis der ausgetauschten Warenmengen.

Wir lesen, Frankreich und England wollen ihren Verbündeten Geld geben, sich dafür aber die Zölle oder die Einnahmen aus dem Verkehr verpfänden lassen, gleichzeitig wollen sie aber den Handel mit den Mittemächten unterbinden, um den ihren mit teueren Waren an dessen Stelle zu setzen. Die Gewinne würden also für die Schuldner sinken, trotzdem sollen sie aber mehr kaufen und dies, trotzdem England und Frankreich die nötigen Massen weder liefern noch erhalten könnten. Wie ist das möglich? Wie stellen sich die Kaufleute eine solche Unmöglichkeit vor? Ja selbst dann, wenn es den Feinden gelungen wäre, ihre Absicht durchzuführen, die Einnahmen unsrer Bahnen, Zölle, Posten usw. mit Beschlag zu belegen, welchen Wert hätten sie dann für die Franzosen, Engländer und Russen, wenn der Handel unterbunden wäre?. Nur wenn Güter erzeugt und verhandelt werden, verschaffen die Einrichtungen dafür Gewinne, gleichgültig, wo sie liegen. Wollen also Staaten ihre eigenen Schulden zahlen, oder sie von andern zahlen lassen, haben alle Staaten das allergrößte Interesse, daß alle gegenseitig Waren tauschen und weit mehr handeln als vorher.

Das uns vorhin erschienene Gespenst zerstob also beim Zufassen als Nebel. Nur eine Art Armeleutskrankheit — arm im Geiste gemeint — kann solche Hirngespinste erzeugen.

Der Haß erstickt in den gemeinsamen unerhörten Schulden; die Notwendigkeit wird Herr und wenn die Unfähigkeit der Regierenden unsrer Feinde das verhindern will, würden Unruhen oder neue Kriege helfend einspringen. Gegen den Unverstand der Menschen zeigt sich die Not wiederum als Gnade. Nur die Not und die Selbstsucht lehren sie vorläufig noch unbewußt das günstigste Ausnutzen ihrer Kräfte, wie überall, so auch im Wirtschaftsleben. Die Völker aber, denen dieses Unbewußte bereits ins Bewußtsein getreten ist, nehmen die Führung in die Hand, gleichgültig, ob sie die Gewalt der Waffen zum Siege oder zur Niederlage führt. Der Krieg mit seiner Kapitalbewegung zeigt sich uns darum als Mittel zu diesem Zweck. Er erzieht die Massen zur Arbeit aus Notwendigkeit; weckt schlummernde Kräfte, zertrümmert trotz manchen Zusammenballens letzten Endes das Kapital, erhöht es in Form von Krediten an die Staaten und verteilt es auf die Massen, steigert den Gesamtgewinn auf Kosten des Gewinnes der einzelnen, und durch die erhöhten Bedürfnisse erzeugt er neues Leben, eine stets in Bewegung auf dieses Ziel gerichtete Kraft.

Darum ist zu beachten: Alle Kriege, gleichgültig, ob sie den Menschen grausam oder gerecht erschienen, gleichgiltig, ob Staaten dabei zu Grunde gingen und die Rechte in den Boden getreten wurden — den Menschen brachten die Kriege stets nur wirtschaftliche Vorteile; zerstörend erhöhten sie die Menge der Werte und damit ebenso zwangsweise wie völlig gemütlos deren Grundlage: den greifbaren Vorrat an Gold.

Nicht klarer als aus dem Burenkrieg wurde uns dies bewiesen. Das Geschrei aller Gemütvollen hinderte nichts daran, daß alle Welt zuschaute, wie England das kleine, tapfere Volk der Buren grausam quälend langsam auf die Kniee zwang — nicht lange aber nach dieser scheinbar so himmelschreienden Ungerechtigkeit waren die Buren recht zufrieden damit; freiwillig und in tiefster Demut fügte dasselbe Volk, noch aus den Wunden blutend, seinen größten Brillanten in die Krone Englands — und den Undank der Buren für all unsre Begeisterung haben wir nun leider selbst erlebt, können aber daraus einsehen lernen: Der Wille der Natur kümmert sich nicht um das Gemüt der Menschen, gestattet aber auch nicht, über Goldfelder nur Vieh weiden und Klee wachsen zu lassen; denn die im dort ruhenden Gold liegende Kraft drängte zum Ausgleich in Form von Mehrarbeit für alle Menschen.

Aber nicht allein dem Krieg wohnt dieses Wunder inne. Die Erfindung der Eisenbahn, die der Dampfmaschine, das Verwenden der Elektrizität, das frühere Suchen nach Gold mit Hilfe der Alchimie, die hoffentlich begrabene Mühe, ein Perpetuum mobile zu erfinden, das alles waren Arbeiten der Menschen mit der Absicht, Arbeit zu ersparen; sie alle haben nur mehr gebracht, erzeugten und zertrümmerten zugleich Kapital, um immer mehr zur Arbeit und zu Bedürfnissen heranzuziehen. Nur scheinbar sparen die Menschen durch Maschinen Arbeit; nur im blinden Wahn wollten die Menschen Arkwrights Webstuhl zertrümmern, um das scheinbare Vermindern der Arbeit anzuhalten. Es ist ihnen nicht gelungen; denn stets zunehmende Mehrarbeit war und ist die Folge aller Erfindungen, aller Geldbewegungen, sie ist das Los der Menschen und nichts auf der Welt kann es abwenden.

Nennen wir es Zweck oder nicht, das was hier über den Krieg entwickelt wurde, hat jedenfalls im Wirtschaftsleben eine unverkennbare Richtung, deren Kraft sich mit ihr enthüllt; es bleibt somit, um den Begriff vollends auszudrücken, nur noch die Zeit zu bestimmen übrig, in der die Kraft sich bewegt und in Arbeit umgewandelt wird.

Ist das erschauernde allegro con brio dieses einleitenden Satzes einer neuen Epoche beendet, tritt sicherlich eine Fermate ein, bis der Strom der Arbeit wieder in die leicht flüssigen Formen des früheren Verkehrs übergeleitet ist. Die von den Kriegsschauplätzen zurückflutenden Arbeiter, die Helden hüben wie drüben, sie werden nicht alle sofort wieder an ihren ihnen so teuer gewordenen Arbeitsstätten Platz finden. Eine Zeit wird kommen, wo dem blutigen Kampf um das Leben der harte um das wirtschaftliche Dasein folgen wird und das hier entwickelte in das Gegenteil zu treiben droht. Die schwere Aufgabe steht bevor, die Arbeit des Friedens zu vermehren und sie nutzbringender als früher zu leisten. Der Verlust so vieler arbeitender Männer, unersetzlicher Geister, der noch lähmendere der dauernd Verwundeten und Siechen, fällt hemmend ins blinde Walten der Natur. — Dennoch birgt das Ziel den Keim des Wachstums in sich und versöhnt uns mit dem harten Los der Menschen, nach dem immer noch jeder Fortschritt nur mit Opfern erkauft werden kann. Der Gedanke, dem Wissen, Können und der Tatkraft wiederum einen freieren Weg, wenn auch leider durch Unverstand, gebahnt zu sehen, muß uns für das Opfer trösten. Das größere Glück der Massen zieht uns hinan. Die Reichen, beneidet, wenn sie auf ihren Gütern ruhen wollen, haben verloren; denn ihr Besitz ist im Werte gesunken. Die wahrhaft Tüchtigen aber und alle, die arbeiten wollen, sind ein großes Stück dem Ziele näher geeilt.

Das ist ganz das Gegenteil von dem, was Englands und Frankreichs vom Glück bisher verwöhnte Völker und die Großfürsten Rußlands erträumten, ihr Volk aber noch zu ungebildet ist, zu erkennen.

Der Horizont dieses Betrachtens mußte weit gespannt werden, weil das Los aller Menschen, zu dem es unbewußt ein gütiges Geschick treibt, bis hierher zu umfassen war. Wir sahen darin: Je größer die Mittel, womit die Menschen sich bekämpfen, und je mehr sich daran beteiligten, desto größer muß die Kraft, desto kürzer muß die Zeit werden, die die Menschen ihrem Schicksal zutreiben.

Soweit läßt sich die Wirkung des Krieges auf das Wirtschaftsleben der Menschheit nach Kraft, Richtung und Zeit, das bewegte Kapital als Ursache erkennend, sicher voraussagen, denn da walten Kräfte, denen sich die Menschen nie und nimmer entziehen können.

Wenden wir uns nun aber nach innen und untersuchen, wann und wie verteilt das Ereignis auf die verschiedenen Völker oder gar auf die einzelnen wirkt, dann müssen wir die heutigen Kräfte des menschlichen Unverstandes und der noch vorherrschenden Gemütseigenschaften mit in die Rechnung ziehen. Ueber das klare Bild zieht sich ein Schleier. Die bisher gewonnene Einsicht gibt uns zwar eine sichere Grundlage, von der allein hoffend wir ausziehen und nach vielleicht vergeblichem Streifen immer wieder zurückkehren können, aber unsre Gedanken begleitet jetzt die Unsicherheit, das völlig Unberechenbare menschlicher Einflüsse.

Der Ausgang der politischen Ereignisse, das Ergebnis der diplomatischen Friedensverhandlungen, kann die den Menschen sicher in Aussicht stehende Mehrarbeit ihrer Menge nach zwar nicht mehr verkleinern, wohl aber so verschieden verteilen und verzögern, daß sie sich für die einen hart, für die andern zur Wohltat gestalten kann. Fest steht darin nur das eine: sind die Verhandlungen nicht darauf aufgebaut, die Zwangslage, in die sich die Völker durch die Schuldenlast gebracht haben, so zu lösen, daß die notwendige Mehrarbeit dem Drang nach bester Ausbeute folgt, dann schafft sich bei den erhöhten Schulden die Natur rascher als früher wiederum gewaltsam ihren Ausweg, entweder nach innen oder nach außen.

Deutschland mit seinen hart arbeitenden, darum bedürfnisvollsten Massen, bitter und überall gehaßt wegen seiner treibenden Kräfte zur Arbeit, ist heute unverkennbar der Träger des Gedankens, der in dem Gesetz von dem wirtschaftlich bewegten Kapital liegt; um sich durchzusetzen, schützt dieses Gesetz die Deutschen gegen eine Welt von Waffen, gegen einen Ozean von Unverstand. Denn die, die ein Naturgesetz bekämpfen, erkämpfen nur seinen Sieg. Die Plage wird zur Wohltat. Und selbst wenn ein politisches Deutschland zertrümmert werden könnte, der Wille der Natur kann nicht untergehen. Ein zertrümmertes Deutschland ließe sich in der Welt nur mehr durch eine noch größere Last der andern an Arbeit ausgleichen. — Das kleine Häuflein der Juden, zuerst und lange Zeit allein die schärfsten Vollstrecker des Willens der Natur, das von ihr dazu „auserwählte Volk", unermüdlich die Arbeit zu mehren, dieses Häuflein, behaupte ich, wäre von der ungeheuren Menge, die verständnislos und wütend dagegen kämpfte, längst erbarmungslos erschlagen worden. — Die Natur selbst mußte beide davor schützen und hat darum die Juden trotz ihrer Klagen über die ganze Erde zerstreut. Nur dadurch konnten sie der Wut der Trägen entgehen, die so wohl noch einzelne, nicht mehr aber alle, und mit ihnen den Willen der Natur, vernichten konnten. Gebunden an das eigene Gesetz, war es ihm offenbar durch die Zerstreuung leichter, die wenigen Intelligenten zu schützen, als die Dummheit der Massen rasch zu überwinden.

Englands und Frankreichs gewaltige Kapitalien haben durch einen nie dagewesenen Ueberschuß an Einfuhr, der wie ein Feuerwerk verpufft wurde, aber keine Gegenwerte im Lande ließ, die größten Verluste aller Kriegführenden. Sie müssen darum verhältnismäßig am meisten arbeiten oder von ihren Gewinnen abgeben, wollen sie das ersetzen und einholen, was sie verloren haben. Verstehen sie es aber, auch ihre Menschen mehr als vorher zum Schaffen von Werten in das wachsende Heer der arbeitenden Menschen einzureihen, kann der Verlust an Kapital nur ein Vorteil für ihr Wirtschaftsleben werden.

Im höchsten Maße aber wird das in Rußland zum Durchbruch kommen. Kein Staat der Erde birgt noch eine so unermeßliche Menge ungehobener Schätze eines fruchtbaren Bodens und bildungsfähiger Menschen in sich wie Rußland. Sie drängen zum Verwerten mit unwiderstehlicher Gewalt. Wie ein Pflug, aufwühlend durch fruchtbare Erde, zieht der Krieg über dieses Land und besät es mit dem Zwang, das Möglichste herauszuholen. Nur ein für Rußland politisch verlorener Krieg vermag dies zu beschleunigen. Nur er rüttelt die Massen auf, zwingt sie zur Arbeit; sie allein verbürgt, bei den schlummernden Schätzen Rußlands dies zum reichsten und darum mächtigsten Land der Erde zu machen. Das, was die Millionen russischer Gefangenen bei uns sehen und verlangen lernen, kann Rußland nur Gewinn bringen. Die gewaltigen Heeresmassen, hin- und hergeworfen in ihnen bisher unbekannten Ländern, durch die Not des Krieges zur besten Ausbeute des augenblicklich Gebotenen gezwungen, lernen denken. Die stumpfen Massen, wie das liebe Vieh, bisher nur die dringendsten Bedürfnisse zu befriedigen gewohnt, werden aufgerüttelt und der göttliche Strahl der Erkenntnis lehrt sie, das Wohl ihres Landes in die Hand zu nehmen. Und keine Macht verhindert das Wachsen eines eisernen Willens, an dem ferneren Gestalten des eigenen Schicksals mitzuhandeln. Was sich längst im westlichen Europa durch die vielen Kriege vollzogen hat, nichts anderes ist es, als was wir jetzt im Osten sich wiederholen sehen. Dies beschleunigt zu erreichen, vermag aber nur ein für Rußland politisch unglücklicher Krieg, nur er vermag den dort Herrschenden aber Unwissenden die alleinige Gewalt über das Schicksal des Landes zu entwenden — ein glücklicher würde das Bewegen der ungeheuren Kräfte verzögern. Das besiegte Rußland könnte darum aus dem Kriege den größten wirtschaftlichen Gewinn von allen Völkern der Erde ziehen.

Wenn wir dann Rußland, das weitaus größte zusammenhängende Staatengebilde, mit seinen ungeheuren Massen an Menschen mit den unsern vergleichen und uns vorstellen, daß sie mal dasselbe zu leisten gelernt haben werden, wenn sie so arbeiten und denken müssen, wenn sie die Gewalt ihrer Waffen ebenso gebrauchen können wie wir: dann, so könnte man fürchten, wäre der gegenwärtige Krieg nur eine rasende Beschleunigung unsers Unterganges gewesen. An eine solche Gefahr ist nicht zu denken. Gerade wir Deutschen, die so hart arbeiten, wissen, daß ein arbeitendes Volk nur im heiligen Zorn zu den Waffen greift, wenn es die Stätten seiner Arbeit zu schützen gilt gegen ein Volk, das entweder nicht arbeiten will oder es noch nicht gelernt hat. Ein arbeitendes Volk greift ein anderes, das auch arbeitet, nicht mit Pulver und Blei an, es verbessert und vermehrt seine Waffen nur so lange, bis der törichte Wille, Arbeitende zu stören, verschwunden ist. Erst dann verkümmert der jetzt so falsch verstandene Militarismus als zwecklos gewordenes Glied im Körper unsers Wirtschaftslebens.

Es wird noch lange dauern, bis uns Deutschen das geglaubt wird. Denn nur die harte Arbeit, die sich nun auch die andern erkämpft haben, wird dermaleinst ihre Kinder zu dieser Einsicht führen können. Ein hart arbeitendes Land ist für keinen eine Gefahr mehr; ein müßiges aber kann nicht siegen.

Mit ungeheuren, sehr bequemen Gewinnen heimst nun Amerika für seine Lieferungen vornehmlich Geldeswerte ein, weil die Europäer zurzeit verhindert sind, für amerikanische Waren andere Waren hinüber zu senden. Ehemals Schuldner-, verwandelt sich

Amerika rasch in einen Gläubiger-Staat, gibt Anleihen den Engländern und Franzosen, und sobald dem stolzen Amerika der volle Warenaustausch wieder erlaubt ist, wird es auch andern Völkern Anleihen gewähren müssen; denn der Ueberfluß an Geld und jetzt nicht verlangter Waren nötigt es, diese dahin zu geben, wo es sie am vorteilhaftesten unterbringen kann. Amerika zwingt damit Europa zu Diensten. Es ist auf dem Wege, sich in ein Rentner-Land zu verwandeln.

Für einen oberflächlich denkenden Beobachter kann die Lage Amerikas nicht günstiger aussehen. Die Sehnsucht aller Menschen nach Geld scheint sich dort jetzt am raschesten zu erfüllen und Amerika, so meint man allgemein, sei der lachende Dritte in dem wahnsinnigen Streite zweier Völkergruppen. Dem ist aber nicht so. Auch Amerika kann sich dem Naturgesetz nicht entziehen. Der Vorteil ist nur scheinbar; in der Tat konnten Amerikas Staatslenker nicht kurzsichtiger handeln, als zu dulden, ihre Handels- und Zahlungsbilanz so verhängnisvoll zu verschieben und sich den Austausch von Waren so vorschreiben zu lassen, wie es in der Gier nach dem Golde geschehen ist.

Dieser Schluß, obwohl nach dem Vorausgesagten durchaus zwangläufig, wirkt dennoch überraschend und das Ereignis wird so tief in das Wirtschaftsleben aller Völker einschneiden, daß es begründet werden muß.

Während Europa im blutigsten Kriege aller Zeiten liegt, bleibt Amerika im Frieden. Die Folgen davon brachten Europa Schulden in nie geahnter Höhe, Amerika ohne Zweifel Geld. Hier wie drüben jedoch sind durch den Krieg die Löhne gestiegen, und weil dort ausgiebig für seine lange Dauer durch maßlose Arbeit gesorgt wurde, stiegen die Löhne in Amerika nicht nur der bisher unerhörten Gewinne wegen viel höher als in Europa, sondern auch darum, weil nur in Europa Höchstlöhne durch den Krieg zum Teil Gesetz werden konnten.

Wenn nun auch mit dem Eintritt des Friedens die erreichten Lohnstufen sich nicht halten können, so wird doch der Unterschied zwischen den beider Weltteile eine Zeitlang mindestens gleich bleiben; die amerikanischen Löhne werden also nach wie vor die höchsten sein. Nicht so das Bedürfnis. Europa, durch seine Schulden gezwungen, mehr zu arbeiten als früher, bekommt auf ganz natürlichem Wege mehr Bedürfnisse als Amerika, das inzwischen seine Schulden vermindern konnte. Europa muß den Wiederaufbau des Zerstörten in die Hand nehmen, seine militärischen Rüstungen erneuern und vergrößern, kurz, es sind eine Reihe von Bedürfnissen zu befriedigen, die für Amerika gar nicht auftreten, an denen Europa aber Amerika im kommenden Frieden wohl noch mit seinem Gelde, nicht mehr aber, oder doch nur zum geringsten Teil gezwungen ist, mit seiner Arbeit teilnehmen zu lassen.

Wenn aber von zwei für die Welt die Arbeit liefernden Völkergruppen, also der europäischen und amerikanischen, die eine nur Krieg führt, die andere hauptsächlich nur die Waffen dazu liefert, dann ist schon während des Krieges, ganz besonders aber danach, die einschneidendste Folge die, daß in Europa das Geld teurer und die Waren billiger als in Amerika werden müssen. Das ist ja nun auch in der Tat so. Nachdem aber das Geld nicht von Gemütskräften gebändigt wird, sondern wie Wasser aus einem hochgestellten Behälter dahin fließt, wohin es der Druck, in dem Falle der größere Vorteil, treibt, tritt mit dem Frieden die Hauptwirkung des gegenwärtigen Ereignisses in bezug auf das Wirtschaftsleben ein: das amerikanische Geld strömt nach Europa und dafür gelangen die billigeren europäischen Waren nach Amerika.

Europas entfesselter, von der Not gesteigerter Warendruck überschwemmt aber nicht allein Amerika, sondern den ganzen Weltmarkt und verdrängt amerikanische Waren überall da, wo diese, nicht vorteilhafter sich anbietend, auftreten können. Die unvermeidliche Folge für Amerika ist darum die, daß seine Industrien und Gewerbe die Arbeit verlieren, die das durch gemeinsame Arbeit zwangsweise vereinigte Europa in Zukunft am Weltmarkte billiger leisten muß. Diesen Druck fördert aber außerdem Amerika noch dazu durch eine saugende Kraft; denn Amerika kann für sein Geld nicht wieder Geld, sondern nur Waren oder Dienste beanspruchen. Gibt nämlich ein Land einem andern Kapital, dann kann es ihm unmöglich gleichzeitig die Arbeit oder die Waren geben, womit das liefernde Land tauschen und Kapital zurückzahlen kann; der Schuldner wäre sonst der Möglichkeit beraubt, Gegenwerte zu leisten; der ausschließliche Zweck des Geldverleihens wäre aufgehoben; das ausgeliehene Kapital ginge verloren.

Nun wissen wir aber, daß Anleihen nicht durch Hin- und Hersenden von barem Geld gegeben werden, sondern daß dies bei großen Anleihen nur buchmäßige Verschiebungen sein können, die sich in der Wirklichkeit durch Liefern von Waren und Diensten ausgleichen.

Um nun nicht in einen Zwiespalt mit dem Vorhergesagten zu geraten, und immer eingedenk des Begriffes von Geldeswert und Ware, muß klar bleiben: Amerika kann als Anleihe vorwiegend auch nur Waren, nunmehr aber der geänderten Verhältnisse wegen nur solcher Art geben, die Europa weder hat, noch leisten kann, aber braucht. Das sind die Rohstoffe der Art und Menge nach, also jene Teile unsers Handels, die die Natur dem einen gegeben, dem andern versagt hat. Daraus ergibt sich ohne Zweifel: Amerikas jetziger Geldgewinn kann sich in Zukunft mehr als vorher nur in dem Abgeben solcher Rohstoffe und Arbeiten darauf verwandeln, womit es die Natur beglückt hat, während das, was die Menschen tun können, das Erzeugen von Fertigwaren, nach Europa wandert und dort zu Ungunsten Amerikas steigen muß.

Nun ist eine unumstößliche Tatsache die, daß zum Herschaffen von Rohwaren nicht bloß weniger intelligente, sondern Menschen in viel geringerer Zahl benötigt werden als zum Erzeugen von Fertigwaren. Darum ist weiter zu berücksichtigen, daß das Kapital, das man für Rohstoffe erhält, sich wirtschaftlich weniger verbreitet als die Summen, die für die Fertigwaren bezahlt werden. Daß ferner diesen unbegrenzte Aufnahmen offen stehen, während die Rohwaren von den Fertigwaren abhängig sind, bei Lebensmitteln dagegen eine natürliche Grenze gezogen ist, die in den beiden Weltteilen fast erreicht, in andern nur schwer zu erweitern ist. Die Rohstoffe Amerikas wandern darum mit den Arbeitsweisen, sie auch in Europa in Massen gut und billiger herzustellen, herüber; denn die Arbeitsweise des amerikanischen Völkergemisches hängt nicht wie z. B. die französische mit dem Lande zusammen, sondern hat seinen Ursprung lediglich in dem Zwang, Waren in Massen billig herzustellen; dies kann aber überall da erreicht werden, wo der Zwang dazu auftritt. Halten und beeinflussen kann somit Amerika nur die Schätze seiner Natur, das Weiterverarbeiten für den Weltmarkt muß es in Zukunft mehr den Europäern überlassen, wofür diese ihm im Form von Fertigwaren Renten zahlen.

Den Amerikaner — Gibsons Meisterstift hat ihn in seinem Bilde „The overworked american father" so trefflich festgelegt — vermögen wir uns als angenehmen Rentner gar nicht vorzustellen. Diese geistig so arm gebliebenen Emporkömmlinge finden nicht etwa wie die Franzosen mit wenigem aber sicherem Einkommen in einem behaglichen Leben ihr höchstes Glück, sondern mangels aller andern Werte einer vererbten Kultur und freier Wissenschaft darin, aus einer rastlosen Arbeit ihre Gattinnen und Töchter ein möglichst kostspieliges Leben führen zu lassen.

So wenig diese Art den Philosophen erfreuen mag, vom volkswirtschaftlichen Standpunkte aus gesehen hat diese Triebfeder, angesetzt in einem Lande, wo jeder qm Boden siebenmal reicher ist als in Deutschland, Bedürfnisse und Arbeit in die Massen getrieben wie nirgend anderswo. Man verdiente drüben leicht; die Rente des Geldes ist darum in Amerika höher als in Europa. Der Amerikaner, als Geldgeber, muß darum einen weit höheren Zins von Europa fordern, als das die bisherigen Bankiers der Welt, Frankreich und England, nötig hatten. Die Folge davon ist aber, daß Amerika als Gläubiger seinen Schuldner, Europa, in ein viel rascheres Arbeitstempo bringen muß, als dies Europa mit seinen geringeren Zinsansprüchen in Amerika und am Weltmarkte vorher verlangt hat. Die Europäer müssen daher bei niedrigeren Gewinnen mehr leisten als die Amerikaner, nehmen ihnen dafür aber auch ein gut Teil Arbeit vom Weltmarkte weg.

Um dies zu verhindern, so könnte man meinen, hätte es Amerika in der Hand, die Rohstoffe im Preise zu erhöhen. Das kann es; aber nur jene, die es allein besitzt. Aber auch das würde ihm nichts nützen; denn wenn die Rohstoffpreise für den Weltmarkt teurer wie in Amerika gehalten werden, ist kein Amerikaner freiwillig dafür zu haben, sie zu Haus nur deshalb billiger zu verkaufen, damit der Nachbar nicht seine Arbeiter entlassen muß. Dem könnte also nur das Gesetz durch Schutz- und Ausfuhrzölle entgegentreten. Solche Maßnahmen wirken aber nur dann günstig auf das eigene Wirtschaftsleben, wenn sie im Sinne des Gesetzes von höchster Wirkung bei geringstem Aufwand liegen. Als des deutschen Volkes Intelligenz und Fleiß seinerzeit durch einen Zoll geschützt wurden, barg diese Maßnahme die Wirkung in sich, der Welt preiswertere Arbeit als vorher zu geben — nur darum hat es sich durchgesetzt. Wollte aber Amerika jetzt oder später ein Gesetz zum Schutze seiner Roh- und Fertigwaren geben, hätte das in sich offenbar nur die Absicht, eine Arbeit, die billiger zu leisten ist, zu verteuern. Dagegen stemmt sich die Natur und bricht jeden Widerstand erbarmungslos. Der Schuldner, Europa, muß selbst arbeiten und kann nur Arbeit dem Gläubiger, Amerika, und dem Weltmarkt geben; ein Schutzwall dagegen würde sofort jede Zahlung an Amerika und jeden Austausch mit ihm unmöglich machen und sich notfalls mit Gewalt elnen Ausweg erzwingen.

Da es eines Staates Streben und Ziel, ja sein Glück ist, seine Arbeit zu vermehren, ist es für Amerika ein Unglück, in eine Bahn gedrängt zu werden, bei der sie vermindert wird, und dies ist für Amerika umso größer, weil es weder andere Kulturwerte, wie freie Wissenschaften und Künste, als Ersatz für seine bisher mit Recht gepriesene Arbeit hat, noch die die Begierde weckenden Schätze seines Bodens vor Gewaltherrschaft zu schützen vermöchte.

Nicht der Gläubiger, sondern der Schuldner arbeitet in dem Falle am leichtesten im Sinne des Naturgesetzes. Dieses aber kümmert sich weder um das Glück des einzelnen, noch um das der Staaten; es will sich bei allen Menschen durchsetzen. Ohne und mit ihrem Zutun nimmt es jede Gelegenheit wahr, die größte Wirkung mit geringstem Aufwand zu erreichen und schlug deshalb ganz in diesem eigenen Sinne jene Völker mit Blindheit, die es mit geringster Mühe schlagen konnte.

Selbst wenn Amerika gar keine Anleihen geben würde, oder das Wunder vollbrächte, die Löhne gleichwertig mit denen Europas zu stellen, der Fehler Amerikas wäre nur durch eine größere Schuldenaufnahme, sonst aber unter gar keinen Umständen mehr rückgängig zu machen. Amerika duldet und fördert durch einseitiges Liefern von Waffen und Waren den Krieg und seine Dauer, und je länger er währt, je schärfer er geführt werden muß, desto höher wachsen die Schulden Europas, desto reicher an Geld wird Amerika, um so größer muß daher der Druck werden, den der Schuldner, um zahlen zu können, im Frieden am Weltmarkte als Wettbewerber auszuüben gezwungen ist. Im Vorteil Amerikas wäre es also einzig und allein nur gelegen gewesen, alles zu tun und zu unterlassen, um Europa nicht von einem Gläubiger in einen Schuldner zu verwandeln, also beizutragen, dem Krieg ein rasches Ende zu bereiten.

Betrachten wir nunmehr die Aufgabe, die den Europäern nach dem Kriege bevorsteht, können wir von hier aus mit sicherem Blick in die Zukunft sehen, sobald wir die Zeit dabei außer Betracht lassen. Unsre Schulden sind als Tatsache gegeben, sie zu tilgen ist nur ein Mittel vorhanden, ein gewaltiges Maß von Mehrarbeit. Bis hierher kann die gezogene Linie nicht unrichtig geführt sein. Die Folgen für den einzelnen lassen sich darum jetzt in Worte fassen: nur diejenigen in Europa, die sich auf eine ungeheure Mehrarbeit, verbunden mit bester Ausbeute und vorzüglichster Güte, einrichten, werden Gewinn aus dem furchtbaren Opfer ziehen. Daß dazu das deutsche Volk vor allen andern das geeignetste ist, bedarf keines

Beweises mehr, jedoch der Ermahnung, sich durch vorübergehende Stillstände der Handels- und Arbeitsstätten und einzelner Gewerbe nicht schrecken zu lassen, sondern im Gegenteil dann zu kaufen, wenn die andern in unnötiger Angst ihre Preise sinken lassen werden. Weil aber nur die beste Arbeit, nur das beste Erzeugnis mehr als vorher den wirtschaftlichen Sieg zu erringen vermag, müssen die Arbeiter und die Waren nur ihrer Qualität nach genommen und Gemütseinflüsse beim Erwerben gänzlich verbannt werden. Kauft Waren, auch vom Feinde, wenn sie vorteilhafter von ihm als vom Freunde zu haben sind! Patriotismus oder politische Feindschaft ins Geschäftliche zu ziehen, bringt in Zukunft rascher als vorher einen Mißerfolg; denn die Gewinne am einzelnen Geschäft sind gesunken; sie sind nur durch Vermehren der Geschäfte einzuholen. Fehler müssen wir mit größerem Bedacht vermeiden; denn sie werden folgenschwerer als ehedem.

Der Zweck des Krieges wird nun sichtbar. Er ist im Sinne Norman Angels „Eine falsche Rechnung", dies aber nur für die Faulen; die jedoch, die arbeiten wollen und können, finden leichter dazu Gelegenheit als vorher. Das Gramm Gold hat für beide, für Reiche wie für Arme nicht mehr den Wert, den es gehabt hat; aber beiden wird es zugänglicher. Immer mehr werden also arbeiten müssen. Immer mehr nimmt die Frauenarbeit zu, immer mehr wird der Geist der Menschen Maschinen erfinden, erzeugen und verkaufen müssen, um den Schulden, um der Flut von Arbeit und den steigenden Löhnen Herr zu werden, während das Gesamtmaß der Bedürfnisse unaufhörlich steigt. Waren bisher nur der rastlose Deutsche und Amerikaner von dem Geiste der Arbeit beseelt, nun müssen es auch die andern Völker werden. Die Not des Krieges und die seiner Folgen rüttelt die Trägen und reißt sie in den Wirbel eines circulus vitiosus, der immer neue Arbeit, neue Bedürfnisse aus sich heraus gestaltet. Die Massenherrschaft siegt und wir Menschen nähern uns dem Bienenstaat, worin nur Schaffende Wert haben, Drohnen erbarmungslos untergehen.

Das ist Menschenschicksal. Das uns ungerecht Erscheinende der Erbsünde wird immer mehr zur höchst möglichen Gerechtigkeit. Das Verlangen nach Erkenntnis duldet die Menschen nicht im Paradies. Nur der Auszug daraus ist noch nicht vollendet; ob arm, ob reich, ob Bürger oder Adelige, immer mehr müssen nun vor unsern geistigen Augen hinaus, zu denen, die schon ins Land der Erkenntnis zogen, um dort im Schweiße ihres Angesichts ihr Brot zu verdienen. Diese urweise Wahrheit, wie sie uns die Bibel symbolisch offenbart, beugt unsern Verstand und läßt uns den Krieg als ein Mittel der uns beherrschenden Natur erkennen, ihren Zweck mit geringstem Arbeitsaufwand für sie zu erreichen: den Ausgleich aller mechanischen und geistigen Kräfte, das Streben nach dem Gleichgewicht.

Gewaltiger und schrecklicher als in einem Kriege kann sich dieser Wille nicht unserm Verstande und unserm Gemüte zeigen. Wen das Gemüt beherrscht, der allerdings wird die Welt in dem verschärften Kampf ums Dasein nicht schöner, sondern nur häßlicher finden. Wachend verträumt er sein Leben, in nie zu stillender Sehnsucht nach dem Unmöglichen, dem Vergangenen, nach dem vielen, was früher tatsächlich und in der Einbildung für ihn besser gewesen ist. Sein höchstes Glück, die Persönlichkeit, muß er mit den Massen teilen. Und alle die, die ausziehen, um die Arbeit zu vermindern, und so unbewußt der Natur entgegentreten, sie kehren heim, bebürdet mit größerer Last, gestärkt jedoch von dem Troste: das Leben ist nur köstlich gewesen, wenn es voll von Müh' und Arbeit war. Denn das ist der Weisheit letzter Schluß: nur der verdient sich Freiheit wie das Leben, der es sich täglich neu erringen muß.

www.ingramcontent.com/pod-product-compliance
Lightning Source LLC
LaVergne TN
LVHW091729021026
849161LV00003BB/515

www.ingramcontent.com/pod-product-compliance
Lightning Source LLC
LaVergne TN
LVHW091729021026
849161LV00003BB/515